Erika Wüchner

Die
100
größten
Babyirrtümer

… und wie Sie es
besser machen können

Krüger Verlag

Erschienen im Krüger Verlag,
einem Unternehmen der S. Fischer Verlag GmbH
© S. Fischer Verlag GmbH, Frankfurt am Main 2012
Satz: pagina GmbH, Tübingen
Druck und Bindung: GGP Media GmbH, Pößneck
Printed in Germany
ISBN 978-3-8105-2380-8

Inhalt

Ein spitzer Bauch, es wird ein Junge. Ein runder Bauch, es wird ein Mädchen! 7

Die 100 größten Babyirrtümer 10

Schwangerschaftsmythen und Ammenmärchen 213

Die Baby-Shower-Party 215

Das Babyquiz 221

Irrtümer zu 225

Ein spitzer Bauch, es wird ein Junge.
Ein runder Bauch, es wird ein Mädchen!

Wenn man ein Kind erwartet, sind plötzlich alle Experten. Da sind die eigenen Eltern, die Tipps geben wollen, oder Freunde, die selbst schon Kinder bekommen haben und meinen, genau zu wissen, was richtig und was falsch ist. Und sogar Menschen, die selbst keine Kinder haben, werden plötzlich zu Fachleuten in Fragen rund um das Baby. Das ist sicherlich alles gut gemeint, doch manchmal ist es nicht gut für die werdenden Eltern.

In meiner mehr als 25-jährigen beruflichen Tätigkeit als examinierte Kinderkrankenschwester in der häuslichen Neugeborenenpflege bin ich immer wieder auf Irrtümer, Mythen und Ammenmärchen gestoßen, mit denen Eltern und werdende Eltern – besonders Frauen, die das erste Mal schwanger sind – total verunsichert werden.

Gerade während der Schwangerschaft und in den ersten Monaten mit dem Baby ist alles neu und ungewohnt und die Angst, etwas falsch zu machen, besonders groß. Umso leichter lassen sich junge Eltern verunsichern und umso empfänglicher sind sie für die vielen Schein- und Halbwahrheiten, denen sie begegnen. Oft werden sie sogar mit völlig gegensätzlichen Meinungen konfrontiert.

Was im Umgang mit Babys richtig und was falsch ist, unterliegt einem ständigen Wandel. Neue Forschungsergebnisse und wissenschaftliche Erkenntnisse, aber auch gesellschaftliche Stimmungen und Trends beeinflussen die jeweils aktuelle Meinung. Ein gutes Beispiel ist das Stillen.

In den siebziger Jahren war Muttermilch nicht gefragt, die Milch sei zu stark mit Schadstoffen belastet, hieß es damals und nur sehr selten wurde ein Kind gestillt. Heute ist die Frauenmilch die anerkannt beste und ideale Ernährung für einen Säugling und die industrielle Säuglingsmilch ihr nicht ebenbürtig. Oder das Thema Beikost. Durfte in den achtziger Jahren ein Säugling schon ab der siebten Woche Karotten und ab der zehnten Woche Banane bekommen, war in den Neunzigern jegliche Beikost frühestens mit Beginn des siebten Monats erlaubt und der erste Brei sollte unbedingt ein Getreidebrei sein. Heute rät man jungen Müttern, die erste Beikost ihren Babys mit Beginn des fünften Monats zu geben. Auch sollen Schwangere – ganz im Gegensatz zu früher – Lebensmittel essen, die Allergieträger sind, damit sich das Kind schon als Embryo durch geringe Mengen daran gewöhnen kann, wie z. B. an das Eiweiß von Kuhmilch, an Fisch und Hühnerei, Nüsse und Zitrusfrüchte.

Sie sehen, bei der Säuglingspflege lässt sich über viel diskutieren. Prüfen Sie deshalb die unterschiedlichsten Ratschläge, die Sie von Eltern, Großeltern, Freundinnen oder aus den Medien bekommen, wieweit diese für Sie plausibel und ob und in welcher Weise umsetzbar sind. Es hilft nämlich weder Ihnen noch Ihrem Kind, wenn Sie allen und allem gerecht werden wollen und dabei die Gelassenheit und die Freude im Umgang mit dem neuen Familienmitglied verlieren. Denn: Eine glückliche und unbelastete erste Zeit mit dem Baby ist die beste Voraussetzung für eine gute Entwicklung des Kindes und eine stabile Bindung zwischen Eltern und Kind.

Es gibt allerdings einige Irrtümer und Ammenmärchen,

die sich zwar äußerst hartnäckig in Kreisen werdender Eltern behaupten, aber nachweislich und ganz sicher falsch sind. Damit Sie sich nicht verwirren lassen, habe ich die 100 größten für dieses Buch zusammengetragen, richtiggestellt und mit vielen Tipps und Anregungen aus meiner langjährigen Praxis angereichert.

Die Irrtümer eignen sich auch hervorragend als kleines Quiz für Ihre Babyparty. Ein Trend, der aus den USA kommt und sich in Deutschland immer mehr durchsetzt (mehr dazu ab Seite 215). Es ist eine gute und nicht ganz so ernste Möglichkeit, sich entspannt und mit viel Spaß auf das Leben mit einem Neugeborenen vorzubereiten.

Die
100
größten
Babyirrtümer

Irrtum 1

Bei Vollmond werden mehr Kinder geboren!

Der Zyklus der Frau mit rund 28 Tagen entspricht genau dem Mondzyklus. Ist da nicht eine Beeinflussung vorstellbar? Leider nein! Wissenschaftliche Studien und die Auswertungen von über vier Millionen Geburten und 470 Mondzyklen an der Martin-Luther-Universität Halle Wittenberg haben ergeben, dass Voll-, Halb- oder Neumond keinen Einfluss auf die Anzahl der Geburten hat.
Auch die Annahme, dass während der Flut mehr Spontangeburten stattfinden als bei Ebbe, konnte statistisch widerlegt werden. So kam heraus, dass etwas mehr als die Hälfte der Neugeborenen bei Ebbe zur Welt kommt. Manche Küstenbewohner machten auch Ebbe und Flut für das Geschlecht verantwortlich: Bei Flut werden Jungs, bei Ebbe Mädchen geboren. Ein schönes Bild, dem aber ebenfalls jegliche statistische Grundlage fehlt.
Was solche Auswertungen ergaben, ist der Umstand, dass um die Weihnachtszeit die meisten Babys gezeugt werden, somit auch die Geburtenrate im September am höchsten ist. Auch kommen freitags mehr Kinder auf die Welt als im Rest der Woche. Allerdings ist die Ursache dafür kein Naturphänomen, sondern allein der Tatsache geschuldet, dass vor dem Wochenende die meisten künstlich eingeleiteten Geburten stattfinden. Dann bestimmt nicht Mutter Natur den Geburtstermin, sondern der Einsatz medikamentöser Hilfsmittel. Auch der Wunschkaiserschnitt, der in den Kliniken natürlich nicht am Wochenende erfolgt, ist für die vielen Geburtstage während der Woche verantwortlich.

Es war ihr drittes Kind und laut Ultraschall war es schon ein sehr großes Kind. Da die werdende Mutter diesmal das zweite Drittel der Schwangerschaft als sehr anstrengend empfand, zählte sie die Tage bis zum sogenannten Stichtag. Doch als dieser kam, tat sich nichts. Der Muttermund blieb geschlossen, keine Wehen, nichts. Die Mutter rief mich an, um mir mitzuteilen, dass es noch einige Tage dauern könnte. Aber es wäre ja bald Vollmond, sagte sie sehr zuversichtlich, und wenn dazu noch ein Sommergewitter komme, würde ihr Baby ganz sicher dann geboren werden. Die Vollmondnacht ging vorüber, aber das Baby fühlte sich sehr wohl im Bauch seiner Mutter und machte keine Anzeichen, schon das Licht der Welt erblicken zu wollen. Der Frauenarzt sagte der jungen Frau, es gebe keinen Grund die Geburt einzuleiten, sie müsse noch etwas Geduld haben. Dieser ging aber die Warterei so auf die Nerven, dass sie alle möglichen Ratschläge ausprobierte, um eine Geburt einzuleiten. Angefangen mit einem heißen Bad, über das Treppensteigen bis hin zu von Hebammen empfohlenen Tees. Selbst gruselige Filme schaute sie sich an, um eine Geburt einzuleiten. Alles ohne Erfolg. Ich versuchte sie täglich aufzumuntern und sagte ihr, dass wir Menschen nun einmal Nesthocker seien und dass jeder Tag länger im Bauch gut für die Entwicklung des Babys sei. Das war für die werdende Mutter nur ein schwacher Trost, doch das Baby hatte seine eigene Zeitrechnung und stellte seine Mutter zum ersten Mal auf die Geduldsprobe. Erst zehn Tage nach dem errechneten Geburtstermin musste die Geburt eingeleitet werden, weil Mekonium (der erste Stuhl) das Fruchtwasser grün färbte und die Gefahr bestand, dass es mit dem Fruchtwasser in die Lunge des Babys gelangt.

Irrtum 2

Eine Wochenbettdepression bekommt nur die junge Mutter!

Etwa zehn Prozent der jungen Väter leiden an einer Wochenbettdepression – auch ohne veränderten Hormonhaushalt. Das hat eine Studie in den USA ergeben. Die männliche Depression beginnt meist im vierten bis sechsten Monat nach der Geburt. Ernstzunehmende erste Anzeichen sind Überforderung, Antriebslosigkeit und mangelndes Selbstbewusstsein.
Die Wochenbettdepression des Vaters kann durch äußere Einflüsse entstehen. Die ersten Wochen nach der Geburt sind auch für den Vater nicht leicht. Auch für ihn ist es ein neues, fremdbestimmtes Leben, abhängig von den Bedürfnissen des Kindes, die er in manchen Bereichen, wie z. B. beim Stillen, nicht selbst befriedigen kann. Hinzu kommen bei vielen jungen Familien noch finanzielle Sorgen, wenn vielleicht ein Gehalt für eine gewisse Zeit ausfällt.
Die meisten Männer geben in solchen Fällen nicht zu, dass sie depressiv sind, da dies traditionell als unmännlich gilt. Dass Männer jedoch weniger Gefühle haben als Frauen, ist Unsinn. Sie haben nur größere Schwierigkeiten, ihre Emotionen zu zeigen.

Die erste Zeit mit dem Kind sollte für die ganze Familie eine besonders glückliche Phase sein. Besprechen Sie mit Ihrem Partner deshalb nicht nur den Ablauf der Geburt und die Einrichtung des Kinderzimmers. Ganz wichtig ist es, sich gemeinsam auf die erste Zeit mit dem Baby vorzubereiten. Das neue Leben mit einem Säugling, der rund um die Uhr Fürsorge, Aufmerksamkeit und Zuneigung fordert, ist für Eltern schön, aber auch sehr anstrengend. Mit der ungeteilten Zweisamkeit ist es in den meisten Fällen erst einmal vorbei. Um die Partnerschaft aber lebendig zu halten, muss man sich gegenseitig unterstützen und für persönliche Freiräume und Zeit füreinander sorgen. Das ergibt sich nicht einfach so, sondern muss gut geplant und vorbereitet werden. Anstatt des x-ten Stramplers oder Schmusetiers lassen Sie sich beispielsweise von Familie oder Freunden zur Geburt Betreuungszeit für Ihr Baby schenken, die Ihnen Stunden zu zweit ermöglicht.

Irrtum 3

Schwangere müssen für zwei essen!

In der Schwangerschaft benötigt die Frau nur etwa 100 Kalorien am Tag mehr. Das entspricht etwa einer halben Scheibe Vollkornbrot. Erst in den letzten vier Wochen benötigt eine Schwangere pro Tag etwa 250 bis 300 Kalorien zusätzlich. Allerdings sollte die Ernährung in der gesamten Schwangerschaft dem erhöhten Bedarf an Vitaminen und Mineralstoffen angepasst sein. So benötigt die Frau während der Schwangerschaft doppelt so viel Eisen, und die Aufnahme von Vitamin A (wichtig für die Entwicklung der Lunge) sollte um ein Drittel erhöht werden.

Schwangere sollten sich ausgewogen und vielseitig ernähren. Auf den Speiseplan werdender Mütter gehört viel Gemüse, wie z. B. Karotten, Spinat, Grünkohl, und Obst – alles vitaminschonend oder als Rohkost zubereitet – und nicht zu viel fettreiche Nahrung. Der ebenfalls erhöhte Bedarf an Calcium lässt sich mit Milchprodukten abdecken. Jod, Folsäure und Eisen können meist nur unzureichend über die Nahrung zugeführt werden. Um diesen Bedarf zu decken, verordnet der Gynäkologe spezielle Präparate, häufig sogenannte Multivitaminpräparate.
Ganz wichtig ist es, dass die Schwangere ausreichend viel trinkt. Zwei Liter am Tag, am besten kalorienfreie Getränke, erleichtern dem Körper die Anpassung an die Schwangerschaft. Als Schwangere sollten Sie weitgehend auf Süßes und zuckerhaltige Getränke verzichten. Kuchen, Kekse, Schokolade und süße Limonade haben keine Mineralstoffe oder Vitamine und sind leere Kalorien, die nur dick machen.
Übergewicht kann zu Bluthochdruck und damit zu Komplikationen, wie z. B. Gestose und Schwangerschaftsdiabetes, führen. Achten Sie deshalb auch während der Schwangerschaft auf Ihr Gewicht, und bewegen Sie sich viel. Aqua-Jogging, Schwimmen und Rad fahren machen auch mit wachsendem Bauchumfang noch viel Spaß. Sportliche Betätigung fördert außerdem das Wohlbefinden und kann die Angst vor der Geburt schmälern.

Irrtum 4

Stillen schützt vor einer erneuten Schwangerschaft!

Selbst Vorstillen ist kein Empfängnisschutz! Während des Stillens wird zwar das Hormon Prolaktin ausgeschüttet, wodurch ein Eisprung verhindert wird. Eine relative Verhütungszuverlässigkeit ist aber nur gegeben, wenn eine Frau ihr Kind mindesten sechs- bis achtmal in vierundzwanzig Stunden stillt. Bei Stillabständen von mehr als vier Stunden entfällt der relative Schutz und die Menstruation und somit auch ein Eisprung treten wieder ein. Doch auch wenn die Menstruation noch nicht eingesetzt hat, ist ein Eisprung nicht ganz ausgeschlossen. Selbst vollstillende Mütter, die nach der Geburt noch keine Blutung hatten, werden in ca. zwei Prozent der Fälle wieder schwanger.
Eine Frau, die nicht stillt, kann schon in den ersten sechs Wochen nach der Geburt wieder schwanger werden, auch ohne erste Blutung. Das sind dann die Geschwister, bei denen nur elf Monate Altersunterschied vorliegen und die womöglich noch im selben Kalenderjahr Geburtstag feiern.
Und: Wenn Frauen schwanger waren, werden sie viel leichter wieder schwanger, weil ihr Körper nun weiß »wie es geht«. Das gilt auch für Frauen, die durch eine Insimulation oder durch eine Hormonbehandlung schwanger wurden.

Eine Großmutter rief mich an und fragte, ob ich ihr drittes Enkelkind, das nicht geplant gewesen sei, betreuen könnte. »Ich kann meiner Tochter nach dieser Geburt nicht helfen, denn drei Kinder im Windelalter ist für mich mit meinen 73 Jahren einfach zu viel. Mein Mann hat außerdem kein Verständnis, dass unsere Tochter wieder schwanger geworden ist. Die beiden ersten Kinder sind 15 Monate bzw. vier Monate alt.« Bei aller Freude über ihre Enkelkinder, war es den Großeltern befremdlich, dass ihre Tochter in noch nicht einmal drei Jahren drei Kinder bekommen hatte.

Ich lernte die Mutter kennen, und sie erzählte mir, dass sie wirklich fest der Überzeugung gewesen sei, solange sie vollstille, nicht wieder schwanger werden zu können. Als ich sie fragte, ob das nicht durch ihre zweite Schwangerschaft widerlegt worden sei, antwortete sie: »Ja, aber mein erstes Kind konnte ich nicht vollstillen, ich hatte nur eine reduzierte Milchbildung. Egal, wie lange und oft ich meine Kleine stillte, musste ich immer noch zusätzlich Säuglingsmilch füttern. Mein zweites Baby stille ich voll und habe auch mehr Milch als bei meinem ersten Kind, deshalb habe ich wirklich geglaubt, ich sei nicht empfängnisbereit und habe daher nicht noch zusätzlich verhütet.«

Irrtum 5

Einen Schlaganfall können nur Erwachsene bekommen!

Nicht nur ältere Menschen auch Neugeborene, sogar Ungeborene können einen Schlaganfall erleiden. Bei Babys im ersten Lebensjahr und vor allem in den ersten zwei Monaten ist die gefährliche Durchblutungsstörung des Gehirns, bei der es zum Ausfall bestimmter Funktionen und dem Absterben von Gehirnzellen kommen kann, keineswegs ungewöhnlich. In Deutschland erleiden jedes Jahr einige hundert Kinder einen Hirninfarkt. Ursache ist aber nicht wie bei Erwachsenen eine Arterisklerose, eine Verkalkung der Gefäßwände der Hirnarterien, die erst in der Lebensmitte einsetzt. Vielmehr können ein angeborener Herzfehler, eine Sichelzellenanämie oder fehlangelegte Blutgefäße, aber auch Infektionen im Kopfbereich einen Schlaganfall beim Baby verursachen. US-Forscher ziehen auch eine Autoimmunerkrankung sowie eine entzündliche Darmerkrankung und eine Dehydration als Ursache heran.
Mütterliche Risikofaktoren für ein erhöhtes Schlaganfallrisiko der Kinder sind ein frühzeitiger Blasensprung, eine Choroamnioitis (eine fetale Multiorganerkrankung), frühere Unfruchtbarkeit sowie eine Schwangerschaftsvergiftung.

Oft wird die Diagnose »Schlaganfall« bei Babys erst spät gestellt. Nicht selten tragen die Kinder deshalb kognitive und motorische Schäden davon. Ein Teil der betroffenen Babys und Kinder überleben einen Schlaganfall nicht. Achten Sie deshalb auf ein verändertes Verhalten Ihres Babys, insbesondere eine veränderte Motorik. Akute Symptome sind zum Beispiel Krämpfe und bei älteren Babys Sprachverlust. Wenn eine Körperseite nicht mehr belastet werden kann, ist dies ein wichtiger Hinweis für einen Schlaganfall. Bei einem Baby ist das beispielsweise daran zu erkennen, dass es auf einmal nur noch einseitig robbt oder krabbelt, was es zuvor beidseitig unternahm. Bei diesen Symptomen sollten Sie Ihr Kind unbedingt neurologisch untersuchen lassen.

Irrtum 6

Stillen macht den Busen hässlich!

Ob eine Frau stillt oder nicht, hat langfristig keinen Einfluss auf das Aussehen ihrer Brust. So lässt sich schon kurz nach dem Abstillen nicht mehr feststellen, ob eine Frau gestillt hat oder nicht, wohl aber ob sie schwanger war.
Während der Schwangerschaft verändert sich der Busen. Durch die Hormone Östrogen und Progesteron wird er voller und schwerer und nimmt sichtbar an Volumen zu. Diese hormonelle Umstellung passiert unabhängig vom Stillen bei allen Frauen und die damit einhergehenden schwangerschaftsbedingten Veränderungen an der Brust benötigen einige Zeit, bis sie sich wieder zurückbilden. Frauen mit schwachem Bindegewebe neigen zu sogenannten Schwangerschaftsstreifen, das sind Hautrisse in unterschiedlicher Breite. Sie verblassen, verschwinden aber nicht vollständig. Frauen mit festem Bindegewebe dagegen werden nach dem Abstillen äußerlich an der Brust kaum Veränderungen feststellen.

Wie genau die Brüste nach der Geburt und der Stillzeit aussehen werden, kann keiner voraussagen. Aber es gibt einige vorbeugende Maßnahmen, um eine gute Rückbildung zu unterstützen. Treiben Sie während der Schwangerschaft regelmäßig Sport (keine Überlastung und in Zweifelsfällen nur nach Rücksprache mit dem Gynäkologen bzw. der Hebamme). Gymnastik und Schwimmen verbessern die Durchblutung der Haut und das macht sie elastischer. Frauen, die Sport treiben, beschleunigen durch die Bewegung die Stoffwechselprozesse im Körper. Gerade in den ersten Monaten der Schwangerschaft kann dies sehr hilfreich sein. Außerdem fühlt man sich nach sportlicher Aktivität viel wohler, da die Ausschüttung von Endorphinen ein regelrechter Stimmungsaufheller sein kann.

Wechselduschen à la Kneipp haben ebenfalls einen Push-up-Effekt: morgens für etwa eine Minute jede Brust abwechselnd warm und kalt mit kreisenden Bewegungen abduschen, das trainiert die Gefäßwände und stärkt die Gewebefasern. Noch effektiver ist ein spezieller Duschkopf mit einem rotierenden Wasserstrahl.

Irrtum 7

Jedes Kind kostet die Frau einen Zahn!

Früher, als sich Schwangere nicht immer ausgewogen ernähren konnten und ihnen deshalb vor allem Mineralstoffe, Eisen und Vitamine fehlten, war Zahnverlust nicht selten. In der heutigen Zeit ist eine gesunde Ernährung für werdende Mütter kein Problem mehr. Sehr häufig verordnen Gynäkologen den Schwangeren zusätzlich noch Vitamin- und Mineralstoffpräparate, um deren erhöhten Bedarf sicherzustellen und einen Mangel zu verhindern.
Auf gute Zahnpflege und regelmäßige Kontrollen beim Zahnarzt sollte man allerdings trotzdem nicht verzichten. Denn schlechte Zahnhygiene schadet nicht nur der Mutter, sondern auch dem ungeborenen Baby. Wissenschaftliche Studien belegen einen Zusammenhang zwischen der Zahngesundheit und dem Verlauf der Schwangerschaft. Entzündungen an Zähnen und Zahnfleisch, ungenügende Zahnpflege und die damit verbundene Bakterienbildung im Mund können nach neusten Untersuchungen ins Fruchtwasser gelangen und zu einer Frühgeburt führen.
In der Schwangerschaft ist die Mundschleimhaut empfindlicher, und das kann zu leichten Entzündungen führen. Besonders wenn die Schwangere unter starkem Erbrechen leidet, kann es auch zur Schädigung der Zähne kommen.
Apropos: Karies verursachende Bakterien können über den Speichel auf das Baby beziehungsweise das Kleinkind übertragen werden, zum Beispiel, wenn Sie den Schnuller oder den Löffel, mit dem Sie das Kind füttern, ablecken oder wenn Sie Ihr Kind auf den Mund küssen.

Bei einem bestehenden Kinderwunsch sollten Sie eine Zahnarztkontrolle und eine professionelle Zahnreinigung vorsehen. Größere notwendige dentale Eingriffe könnten dann noch erledigt werden, bevor Sie schwanger werden. Auch während der Schwangerschaft sollten Sie regelmäßig zur Kontrolle und zur professionellen Zahnreinigung gehen.
Genauso wichtig wie der Zahnarztbesuch ist aber auch eine gründliche tägliche Zahnpflege. Dazu sollten Sie nicht nur die Zähne putzen, sondern auch Zahnseide verwenden, um die Zwischenräume zu reinigen. Auch die Verwendung eines Mundwassers ist sinnvoll.

Irrtum 8

Frauen mit einem kleinen Busen können nicht stillen!

Ob groß und prall oder schlaff und klein: die genetisch festgelegte Form und Größe des Busens hat keine Aussagekraft über die Stillfähigkeit einer Frau. Eine kleine Brust bedeutet nicht, dass sie nicht ausreichend Milch bilden könnte. Die sternenförmig um die Brustwarze angelegten Brustdrüsen sind bei jeder Frau in gleicher Anzahl unabhängig von der Größe ihres Busens vorhanden.

Ein großer Busen besteht überwiegend aus Fettzellen und nicht aus mehr Drüsengewebe und Bindegewebe. In der Schwangerschaft bereitet sich die Brust auf das Stillen vor, deshalb nimmt auch der kleine Busen an Volumen zu.

Die Milchmenge, die eine Brust produziert, hängt auch davon ab, wie oft das Baby gestillt wird und wie groß die Nachfrage dabei ist. Das häufige Anlegen und Stillen bewirkt bei der Mutter, dass die Hirnanhangdrüse die Hormone Oxytozin und Prolaktin freisetzt. Dadurch ziehen sich die Milchdrüsen zusammen und die Milch kann fließen.

»Nun bekomme ich ein absolutes Wunschkind, doch kann es leider nicht stillen, weil ich einen viel zu kleinen Busen habe, wie Sie sicher schon gesehen haben«, erzählte mir eine junge Frau bei unserem ersten Treffen und fügte leicht resigniert hinzu: »Meinen Mann hat es nie gestört, mich schon, aber ich hatte nie den Mut zu einer OP.« Ich versuchte sie aufzuheitern: »Sie sind ja erst in der fünften Woche, warten Sie mal ab, am Ende der Schwangerschaft werden Sie schon Busen entwickeln. Denn in der Schwangerschaft bereitet sich die Brust auf das Stillen vor und wird an Volumen zulegen.«

Im siebten Monat rief mich die junge Frau wieder an und erzählte begeistert von ihrer Schwangerschaft, wie gut es ihr ginge und dass sie jetzt einen tollen Busen bekommen habe. »So gut fühlte ich mich noch nie in meiner Haut, ich würde am liebsten immer schwanger bleiben!«, erzählte sie mir freudig. Nach der Geburt konnte sie ihr Kind auch problemlos vollstillen und behielt, als sie nach sieben Monaten langsam abstillte, immer noch etwas Busen. Ein halbes Jahr später wurde sie erneut schwanger und hoffte, dass nach dem Abstillen ihres zweiten Kindes noch mehr Busen bliebe als nach dem ersten Kind. Doch zu ihrem Leidwesen bildete sich der Busen wieder ganz zurück und nur noch ein Ansatz von Brust war zu sehen. »Wenn ich sicher wäre, dass nach dem dritten Kind meine Brust die Form und Größe behalten würde wie nach meiner ersten Schwangerschaft, dann wäre ein drittes Kind hochwillkommen«, berichtete sie mir neulich.

Irrtum 9

Rheuma bekommen nur alte Menschen!

Rheuma hat nichts mit dem Alter zu tun, auch Babys können schon rheumatische Erkrankungen bekommen. Die Entstehung ist weitgehend ungeklärt. Es handelt sich um eine Autoimmunerkrankung, die wohl auch genetisch bedingt, aber keine Erbkrankheit ist. Ärzte sprechen von einer Fehlsteuerung. Das Abwehrsystem bekämpft seinen eigenen Körper, weil es ihn als »fremd« wahrnimmt.

Nicht selten bekommen Babys und Kinder nach einer Infektion Rheuma. Die *juvenile idiopathische Arthritis* ist die häufigste Form von chronischem Kinderrheuma, die durch Viren oder Bakterien ausgelöst wird. Meist befällt sie die Gelenke, aber auch andere Organe wie Herz, Augen, Nieren und Lymphknoten können betroffen sein. Die Diagnose ist oft sehr schwierig, der Krankheitsverlauf bei Kindern unterscheidet sich erheblich von dem der Erwachsenen. Eine eingeschränkte Beweglichkeit durch Knorpel- und Knochenschäden kann im Krankheitsverlauf auftreten.

Wenn Ihr Baby schon gerobbt oder gekrabbelt hat und auf einmal nur noch getragen werden möchte oder nicht altersgemäß krabbelt oder robbt und mit einem Jahr immer nur getragen werden möchte, sollten Sie und Ihr Kinderarzt auch an Rheuma denken. Auch schon bei kleinen Kindern kann Rheuma zudem die Augen in Mitleidenschaft ziehen und eine Entzündung von Iris und Ziliarkörper (mittlere Augenhaut) verursachen.

Wichtig ist ein frühzeitiges Erkennen und eine umgehende Behandlung, damit das Rheuma ohne Folgeschäden wieder abklingt. Dank moderner therapeutischer Behandlung und Medikamente kann Rheuma, wenn es im Kindesalter erkannt wird, erfolgreich behandelt werden. Eine Versorgungslandkarte zur Suche von Therapeuten und Einrichtungen für Funktionstraining in Ihrer Nähe erhalten Sie bei *Rheuma e. V.*

Irrtum 10

Sport während der Stillzeit verdirbt die Milch!

Sport in Maßen führt nur in sehr seltenen Fällen zu Problemen beim Stillen. Deshalb kann jede stillende Mutter Sport treiben, solange sie sich dabei wohlfühlt und sich nicht zu sehr überanstrengt. Ist das gewährleistet, führt regelmäßige Bewegung zu Entspanntheit und Zufriedenheit der Mutter, was sich wiederum positiv auf das Stillergebnis auswirkt. Nur bei sehr intensivem Training wird die im Blut entstehende Milchsäure in die Milch übergehen. Diese schmeckt dann statt süß eher bitter und sauer und wird vielleicht vom Baby abgelehnt. Eine solche Milchsäurekonzentration nimmt langsam nach einigen Stunden wieder ab, dann schmeckt die Milch wieder. Sehr intensives Training kann aber auch zu einer Milchreduktion führen.

Auch wenn viele Promi-Mamas es (schlecht) vormachen: Sie sollten sich kurz nach der Geburt weder extreme Diäten noch Sportexzesse zumuten, um schnellstmöglich wieder Ihre schlanke Figur zurückzubekommen. Sechs Wochen nach der Entbindung und wenn der Wochenfluss versiegt ist, können Sie mit Rückbildung beginnen, je nach Geschmack mit der klassischen oder mit Yoga. Bevor Sie mit den Bauchübungen anfangen, sollten Sie allerdings sicherstellen, dass sich die Lücke in Ihrem Bauchmuskel geschlossen hat, sonst könnte der Heilungsprozess Ihres Abdomens behindert werden.

Auch ein sanftes Fitness-Training als gezieltes Muskeltraining, z. B. Schwimmen, Radfahren oder schnelles Gehen, wirkt sich positiv auf den Kreislauf aus und hilft Ihnen, die schlaflosen Nächte besser zu überstehen.

Es empfiehlt sich, gleich nach dem Stillen Sport zu treiben, weil in den ersten 30 Minuten nach sportlicher Aktivität die Milchsäurekonzentration am höchsten ist und sie sich erst langsam wieder abbaut. Mit vollen Brüsten Sport zu treiben kann auch leicht Risse an der Haut der Brust verursachen. Tragen Sie beim Sport gut sitzende BHs, die vor Erschütterung und Reibung schützen. Nach dem Sport waschen Sie die Brust vor dem Stillen am besten mit klarem Wasser gut ab, denn Schweiß schmeckt salzig, und das mögen Babys nicht so gern. Sie könnten dann die Brust ablehnen, was nichts mit dem Geschmack der Milch zu tun hat.

Stillende Mütter sollten nur langsam abnehmen (nicht mehr als ein Pfund in der Woche), weil sie sonst die in ihrem Körperfett gespeicherten Giftstoffe über die Muttermilch abgeben. Schnelles Abnehmen ist wie Entgiften durch Stillen, was für das Baby nicht gut ist. Außerdem besteht durch zu schnelles Abnehmen die Gefahr eines Nährstoff- und Vitaminmangels für Mutter und Kind.

Irrtum 11

Der Kaiserschnitt gewährleistet eine schmerzfreie Geburt!

Ob Wunsch oder Notwendigkeit, ein Kaiserschnitt ist immer eine größere Operation. Zwar wird der Kaiserschnitt heutzutage sanfter und schonender durchgeführt als früher – es werden weniger Nerven und Gefäße durchtrennt, diese werden nur zur Seite geschoben, deshalb entfallen viele Schmerzen durch Nähte und die Narbe in der Bikini-Zone ist kleiner – doch haben die Frauen in der Regel drei bis vier Tage postoperative Schmerzen.
Nur etwa die Hälfte der Kaiserschnittgeburten sind sogenannte Notkaiserschnitte, die während der Geburt aus medizinischen Gründen heraus entschieden werden. Es gibt viele unterschiedliche Gründe, weshalb Frauen den Kaiserschnitt einer Spontangeburt vorziehen. Für einige ist ein geplanter Kaiserschnitt die einzige Möglichkeit, dass der werdende Vater dabei sein kann. Frauen über vierzig Jahren möchten ihn aus Sicherheitsgründen, andere Schwangere fürchten, dass eine natürliche Geburt ihr Sexualleben negativ beeinträchtigen könnte und dass die Sexualorgane und ihr Beckenboden zu stark strapaziert werden. Diese Angst ist nicht ganz unbegründet: Die vaginale, natürliche Geburt kann, wenn auch eher selten, zu einer Schädigung des Beckenbodens mit Langzeitfolgen führen, wie Darmwinden, Harninkontinenz und Schmerzen beim Verkehr (auch noch lange nach der Geburt). Aber auch ein Kaiserschnitt birgt Risiken wie zum Beispiel erhöhte Thrombosegefahr, Verletzungen anderer Organe und mögliche Infektionen.

Wenn es möglich ist, besuche ich die Mütter, deren Kindesbetreuung ich übernommen habe, direkt nach der Geburt in der Klinik. Als ich das Zimmer einer jungen Frau betrat, die gerade ihr erstes Kind entbunden hatte, begrüßte sie mich kreidebleich und mit verweinten Augen. »Hallo, Frau Wüchner, schön dass Sie mich im Krankenhaus besuchen, aber ich kann nicht aufstehen. Ich habe furchtbare Schmerzen. Bei jeder noch so kleinen Bewegung habe ich das Gefühl, die Nähte an meinem Bauch reißen auf. Ich fühle mich so schlapp, ich bin fix und fertig und nicht in der Lage, mein Baby zu versorgen. Ich schaffe es nicht einmal, es auf den Arm zu nehmen, geschweige denn, es alleine an die Brust zu legen und für ein Bäuerchen wieder hochzunehmen. Auch mein Baby auf die Wickelkommode im Zimmer zu legen ist unmöglich für mich. Dass ich zwei Tage nach der Geburt noch solche Schmerzen habe und mich kaum bewegen kann, damit habe ich nicht gerechnet. Wie kann das sein? Ich hörte bislang immer nur: Mutter Natur hat es so eingerichtet, dass die Mütter nach der Geburt durch die Hormonausschüttung Kraft und Energie haben, um ihr Baby bestens zu versorgen.«
Ich sagte ihr, dass das auch zuträfe, allerdings nur bei einer natürlichen Geburt. Beim Kaiserschnitt werden die sogenannten Glückshormone, die Endorphine, nicht ausgeschüttet. Ein Kaiserschnitt sei nun einmal eine große Bauchoperation, mit den mit einer Operation verbundenen Wundschmerzen in den ersten Tagen. Ich erklärte der jungen Mutter, dass diese Schmerzen aber meistens nach drei bis vier Tagen überwunden seien. »Die ersten drei Tage«, versuchte ich sie zu trösten, »sind für viele Mütter, die per Kaiserschnitt entbinden, sehr schmerzhaft, aber dann können auch Sie Ihr Kind selbst versorgen und alle Schmerzen sind vergessen.«

Irrtum 12

Ein Kaiserschnitt ist für das Baby ein leichterer Start ins Leben!

Lange Zeit nahm man an, dass ein Kaiserschnitt besser für das Baby sei, weil ihm der strapaziöse Weg durch den engen Geburtskanal erspart bliebe. Kaiserschnittbabys sehen nach der Geburt auch nicht so zerknautscht und verbeult aus wie Spontangeborene, sondern schön glatt und rosig. Heute weiß man: Reife und gesunde Babys profitieren von dem beschwerlichen Weg durch den Geburtskanal. Der Druck presst das Fruchtwasser aus der Lunge des Babys, und dadurch wird das erste Durchatmen erleichtert. Auch bekommt das Baby die richtigen und wichtigen Keime für den Aufbau einer gesunden Darmflora mit.
Ein weiterer Nachteil des Kaiserschnittes ist es, dass das Neugeborene nicht immer sofort auf den Bauch der Mutter gelegt werden kann. Außerdem schüttet der Körper der Mutter während der Spontangeburt die sogenannten Glückshormone aus, von denen auch das Baby profitiert und deshalb häufig fitter ist als durch Kaiserschnitt Geborene. Nur für Babys mit niedrigem Geburtsgewicht oder anderen Risikofaktoren, z. B. Beckenendlage, Mehrlinge, Gestose, ist ein Kaiserschnitt wirklich der schonendere und damit bessere Weg auf die Welt.

Kinder, die per Kaiserschnitt auf die Welt kommen, haben häufiger in den ersten Tagen Anpassungsprobleme als Spontangeborene. Teilweise sind die Babys auch anfangs schläfriger und auch nicht gleich so fit, weil ihnen die »Glückshormone« fehlen, die bei einer Spontangeburt von der Mutter auf das Neugeborene übergehen.

Bei Kaiserschnittkindern ist es sinnvoll, sie möglichst in den ersten Wochen nach der Geburt einem mit Säuglingen erfahrenem Osteopathen vorzustellen. Der Osteopath überprüft Reflexe, Körperhaltung und Bewegungsverhalten, er sucht gezielt nach Stauungen oder Zerrungen, die das Baby unter der Geburt erlitten haben könnte. Mit viel Fingerspitzengefühl versucht er dann die Symmetrie des Körpers wiederherzustellen. Besonders, wenn das Baby sehr unruhig ist oder nicht einschlafen kann, könnte dies auf Probleme beim Atlas (erster Halswirbel) hinweisen, die beim Herausheben des Säuglings aus dem Bauch der Mutter verursacht wurden.

In einer kürzlich erschienenen US-Studie mit 1250 Kindern wurde auch ein doppelt so hohes Risiko für spätere Fettleibigkeit bei Kaiserschnittkindern beobachtet. Ursache könnten die fehlenden Darmbakterien sein, die der Säugling bei der natürlichen Geburt von der Mutter übertragen bekommt. Auch das Risiko an Asthma zu erkranken oder eine Allergie zu bekommen ist erhöht.

Auf die Mutterkind-Bindung und das Stillen hat ein Kaiserschnitt allerdings keine nachteilige Wirkung, auch wenn die Milch manchmal ein bis zwei Tage später als bei einer Spontangeburt fließt.

Irrtum 13

Dicke Frauen sind besonders fruchtbar!

Wissenschaftler vom *Johns Hopkins Children's Center* in Baltimore fanden heraus, dass üppige Frauen es schwerer haben schwanger zu werden. Überschüssiges Fett bringt nämlich den Hormonhaushalt durcheinander. Wer zu viel isst, hat dauerhaft einen erhöhten Insulinspiegel, der die Ausschüttung der Geschlechtshormone über die Hirnanhangsdrüse vermindert.

»Als ich meinen Mann kennenlernte, war ich sehr mollig, genau wie er. Wir liebten beide gutes Essen. Als wir uns entschlossen, eine Familie zu gründen, wurde ich einfach nicht schwanger, obwohl ich erst 26 Jahre alt war«, erzählte mir eine Mutter. »Nach zwei Jahren vergeblicher Bemühungen wollte ich eine Hormonbehandlung machen. Als ich meinen Gynäkologen darauf ansprach, forderte er mich zu meiner Überraschung auf, erst einmal einige Kilos abzunehmen.« Die junge Mutter fühlte sich daraufhin diskriminiert und war den Tränen nahe. Aber ihr Arzt beteuerte, dass das keine boshafte Anspielung auf ihre weiblichen Rundungen und Fettpölsterchen sei, sondern dass es einen wissenschaftlich bewiesenen Zusammenhang zwischen Übergewicht und herabgesetzter Fruchtbarkeit gebe. »Sie sollen ja nicht superschlank werden, denn auch das wäre nicht sinnvoll, da sehr dünne Frauen häufig Hormonstörungen haben«, lenkte der Mediziner ein, und die junge Frau zeigte sich einsichtig. »Das war der Beginn unseres Heilfastens«, berichtete sie mir. »Nachdem ich zwölf Kilo abgenommen hatte, wurde ich prompt schwanger. Auch die Tatsache, dass ich meinen Körper vor der Schwangerschaft entgiftet hatte, gab mir ein sehr gutes Gefühl. Die Schwangerschaft verlief ohne Probleme. Da wir vier Kinder wollen, steht das jährliche Heilfasten fest auf dem Programm.«

Irrtum 14

Bei einer Brustentzündung muss man abstillen!

Meist ist ein Milchstau die Ursache einer Brustentzündung. Aber auch Bakterien, die über kleine Risse in der Brustwarze in die Brustdrüse gelangen, können eine Mastitis auslösen. Die betroffene Brust fühlt sich heiß an und ist sehr berührungsempfindlich. Es entwickelt sich Fieber und in seltenen Fällen tritt ein eitriges Sekret aus der Brustwarze.

Bei einer Brustentzündung ist es am wichtigsten, dass die gestaute Milch abfließt. Am einfachsten geht das, wenn das Baby an der Brust saugt, auch wenn das am Anfang mit Schmerzen verbunden ist. Ein Abstillen ist in den allermeisten Fällen deshalb kontraproduktiv. Nach neustem Erkenntnisstand führt ein Abstillen sogar häufig zu einer Verschleppung der Mastitis, was dann zu einem Abszess führen kann, der fast immer einen chirurgischen Eingriff erforderlich macht.

Eine Brustentzündung wird medikamentös mit stillfreundlichen Antibiotika behandelt, die für das Baby nicht schädlich sind.

Bleiben Sie bei einer Brustentzündung auf jeden Fall einige Tage im Bett, Ihr Körper braucht Ruhe. Kühlen Sie die Brust mit Quarkwickeln, Kohlblättern oder mit Eispackungen, die in ein dünnes Tuch eingeschlagen werden. Reiben Sie Ihre Brustwarzen mit Muttermilch ein und lassen sie an der Luft trocknen, wenn möglich mehrmals täglich. Wenn es in kurzer Zeit nicht besser wird, sprechen Sie mit Ihrer Hebamme, und gehen Sie auf jeden Fall zum Arzt.

Um einem Milchstau vorzubeugen, sollten Sie regelmäßig stillen. Legen Sie dabei Ihr Baby in verschiedenen Stillpositionen an, damit es die gesamte Brust mit seinem Kiefer massiert und gleichzeitig die Milch aus dem Busen saugt.

Allerdings sollte Ihr Baby nicht stundenlang an der Brust nuckeln, um Risse an der Brustwarze zu verhindern. Während der gesamten Stillzeit pflegen Sie Ihre Brust intensiv mit entzündungshemmender Fettcreme und tragen Sie Still-BHs, die sehr heiß gewaschen werden können, um die Keimzahl an der Brustwarze stark zu reduzieren. Wechseln Sie aus diesem Grund auch häufig Ihre Stilleinlagen.

Irrtum 15

Gestillte Babys gedeihen immer!

Wenn die Mutter sich nicht ausreichend ernährt, nur wenige oder sehr kalorienarme Kost zu sich nimmt und auch noch übertrieben Sport treibt – vielleicht, weil sie schnell wieder ihre Idealfigur haben möchte –, gedeiht auch das Still-Baby nicht. Denn es gibt nach zwei bis drei Monaten sehr wohl ein »Hungern an der Brust«: Es kommt zwar Milch, aber diese Milch enthält zu wenig Nährstoffe. Das kann sich sehr negativ auf die weitere körperliche und geistige Entwicklung des Kindes auswirken.

Satte und gesunde Stillkinder sind normalerweise zwischen den Mahlzeiten ausgeglichen und zufrieden. Latentes Hunger- und mangelndes Sättigungsgefühl machen sich auf jeden Fall bemerkbar. Wenn das Baby nur minimal zunimmt und sich an eine geringe Milchmenge gewöhnt hat, ist es wichtig zu beobachten, ob das Baby zufrieden ist oder ob es viel schreit, permanent sucht oder die Brust ganz verweigert. Das Baby gedeiht unter solchen Umständen vielleicht nicht richtig.

Kritisch kann es werden, wenn Babys, die nicht gedeihen, viel schlafen und sich nach sehr kurzer Zeit an der Brust mit wenigen Schlucken zufriedengeben. Das können Anzeichen von Vitalitätsverlust sein. Eine ausreichende Kalorienzufuhr ist aber für die körperliche und geistige Entwicklung Ihres Babys unerlässlich. Pro Tag muss der Säugling mindestens 20 Gramm zunehmen, normal sind 30 Gramm. Nimmt das Baby weniger als 120 Gramm in der Woche zu, muss in kurzen Abständen das Gewicht kontrolliert werden, und Sie sollten auf jeden Fall mit Ihrem Kinderarzt sprechen. Bei Hungern an der Brust hat der Säugling nicht nur keine Gewichtszunahme, sondern auch sehr selten und sehr harten Stuhl.

Irrtum 16

Jede Frau liebt ihr Baby von Geburt an!

Leider kommt die Mutterliebe nicht automatisch mit der letzten Wehe. Es gibt zwar Mütter, die ihr Kind auf den ersten Blick lieben, doch selbstverständlich ist das nicht. Häufig empfinden Mütter Beschützerinstinkte und Stolz für ihr Baby, das neun Monate in ihrem Bauch herangewachsen ist, brauchen aber nach der Geburt Zeit, es richtig kennenzulernen, damit sich tiefere Gefühle, wie Zuneigung und Liebe, entwickeln können.

Warum empfinden all meine Freundinnen beim ersten Anblick ihres Babys sofort tiefe Liebe, nur ich nicht? Viele junge Mütter sprechen diese Frage nie laut aus, verschweigen sie selbst gegenüber ihrem Partner oder ihrer Mutter, weil sie sich schämen. »Ich war so müde, wollte nur noch schlafen, war froh, dass mein Mann die Kleine genommen hat. Habe ich nicht genügend mütterliche Gefühle?« Mit diesen Selbstzweifeln werde ich bei meiner Tätigkeit oft konfrontiert. Natürlich gibt es Mütter, die noch im Kreißsaal von großer Liebe und Euphorie für ihr Baby überflutet werden. Genauso normal ist es aber auch, wenn zunächst andere Empfindungen da sind: Unsicherheit und die Angst, etwas falsch zu machen. Nach der großen Anstrengung der Geburt steht auch häufig das Ruhebedürfnis bei der Mutter an erster Stelle. Die Mutter muss das neue kleine Wesen erst kennenlernen, um es zu lieben. Und das dauert unterschiedlich lange. Lassen Sie sich also ein bisschen Zeit, um sich in Ruhe aneinander zu gewöhnen!
Gerade Mütter von Frühgeborenen entwickeln anfangs nicht gleich euphorische Liebesgefühle für ihr Kind. Es ist mehr ein Gefühl der Hilflosigkeit und das starke Bedürfnis, das Baby zu beschützen, weil Frühchen nach der Geburt doch sehr hilfsbedürftig und leicht greisenhaft aussehen.

Irrtum 17

Älteren Babys, die gestillt werden, braucht man keine Zähne zu putzen!

Selbst wenn die Babys schon fast alles essen, können Zahnpasta und Zahnbürste im Schrank bleiben, denn Muttermilch habe eine Bakterien hemmende Wirkung. Das ist leider ein Irrtum. Zwar können die Karies-Bakterien den Zucker in der Muttermilch nicht als Energiequelle nutzen, aber z. B. Obst und Gemüse enthalten Fruktose und Sacharose, über die sich die Karies-Bakterien freuen, und Muttermilch ist leider keine wirksame Zahnpflege für das Baby.

Wenn Babys Zähne haben, essen sie Beikost: Obst, Gemüse und Brei. Deshalb müssen vom ersten Zahn an konsequent zweimal täglich die Zähne mit einer weichen Babyzahnbürste geputzt werden, sowohl die Innen- als auch die Außenseiten und die Zahnoberflächen, in den ersten zwei Lebensjahren morgens nur mit Wasser und abends mit einer Fluorzahncreme, mit einem Anteil von 0,05 Prozent Fluorid.

Wissenschaftlich ist bewiesen, dass vor allem nach dem Zahndurchbruch die in der Zahncreme enthaltenen und auf die Zahnoberfläche direkt einwirkenden Fluoride eine hohe Kariesprophylaxe darstellen. Wichtig ist außerdem, dass spätesten ab dem sechsten Monat die Fluortabletten, meist kombiniert mit der Rachitisprophylaxe Vitamin D, eingenommen werden. Fluorid härtet die Milchzähne und schützt sie gegen Karies. Denn die Milchzähne sind nicht nur Platzhalter für die späteren Zähne, sondern sie sind wichtig für die gesunde Kiefer- und Sprachentwicklung.

Richtige Zahnpflege kann schon vor dem ersten Zahn beginnen: Bereits ab dem dritten Monat können Sie mit einer Fingerling-Zahnbürste regelmäßig den Ober- und Unterkiefer Ihres Babys massieren und erleichtern damit nicht nur den späteren Zahndurchbruch. Weil es die Massage als sehr angenehm empfindet, lässt sich Ihr Kind sehr gern die Zähne putzen und lernt dabei schon früh, dass das Zähneputzen etwas ganz Selbstverständliches ist.

Irrtum 18

Die Pille belastet die Milchbildung!

Nur Kombinationspräparate aus den Hormonen Östrogen und Gestagen beeinflussen die Zusammensetzung der Muttermilch und können die Milchmenge reduzieren. Da solche Präparate auch milchgängig sind, besteht die Gefahr, dass der Säugling über die Muttermilch zu viele Hormone aufnimmt.

Es gibt jedoch die östrogenfreie Pille. Diese Minipille enthält ausschließlich das Hormon Gestagen, das den Eisprung verhindert und ähnlich sicher wie die östrogenhaltige Pille ist. Anders als bei der normalen Minipille besteht auch kein enges Zeitfenster für die Einnahme, diese kann bis zu zwölf Stunden verschoben werden. Die Minipille mit dem Gestagen hat weder einen negativen Einfluss auf die Milchbildung noch auf die Entwicklung des Babys und kann ab ca. sechs Wochen nach der Geburt eingenommen werden.

Wenn Sie nicht gern Tabletten schlucken oder glauben, dass Sie während der Stillphase die Einnahme der Pille häufiger vergessen könnten, weil sie sich durch das Stillen und den daraus resultierenden Schlafmangel zu erschöpft fühlen, können Sie auch auf andere östrogenfreie Verhütungsmittel, wie z. B. die Dreimonatsspritze, die Hormonspirale oder Verhütungsstäbchen, zurückgreifen.

Irrtum 19

Eine organisierte Frühförderung ist sehr wichtig für die Entwicklung der Babys!

Die beste Frühförderung Ihres Kindes ist, dass Sie sich die Zeit nehmen, auf seine ganz individuellen Bedürfnisse und Fähigkeiten liebevoll und mit Geduld einzugehen, so dass es sich geliebt und angenommen fühlt.

In erster Linie braucht Ihr Baby in der ersten Zeit seines Lebens eine feste Bindung und Strukturen, die ihm Halt, Orientierung und Sicherheit geben. Ein geregelter Tagesablauf und festgelegte Abläufe und Rituale vermitteln Ihrem Baby Geborgenheit und Orientierung. Es weiß, was kommt, und ist dadurch ausgeglichen und im Einklang mit sich und seiner Welt.

Organisierte Angebote und spezielle Kurse zur sogenannten Frühförderung schon sehr kleiner Babys werden häufig überbewertet. Die freie Entfaltung und Kreativität des Babys wird durch die Vorgaben in Kursen eingeschränkt. Jedes Baby ist individuell und braucht seine Zeit, sich bestimmte Fertigkeiten anzueignen. In Kursen, die zu festgesetzten Zeiten stattfinden, mit An- und Abfahrzeiten einhergehen und häufig auch von ständig wechselnden Personen besucht und geleitet werden, kann es schnell passieren, dass das Baby von den vielen fremden Eindrücken überfordert wird.

Wenn Ihr Kind zwischen sieben und zwölf Monaten alt ist, gibt es noch genügend Angebote, die Sie nützen und bei denen Sie sicher sein können, dass Ihr Baby auch aktiv teilnehmen kann und selbst auch Spaß hat.

Sehr kleine Babys brauchen verlässliche Angebote und auch reizarme Phasen, damit sie von Eindrücken nicht überflutet und überfordert werden und das Erlernte und Erlebte in Ruhe verarbeiten und speichern können.
Intensive Zuwendung und Ansprache ist in den ersten Wochen vor allem Sache der Eltern bzw. der engsten Bezugspersonen. Fingerspiele und auch Babygymnastik die Sie am Wickeltisch oder auf der Krabbeldecke mit Ihrem Baby machen können, sind entspannende Momente, in denen Sie in Ruhe ganz individuell auf Ihr Kind eingehen können. Dazu können Sie im Hintergrund Musik laufen lassen oder Ihrem Kind selbst Kinderlieder vorsingen. Babys lernen sehr schnell, welche Lieder und Reime zu welchen Bewegungsabläufen gehören, z. B. werden bei »Alle meine Täubchen sitzen auf dem Dach, fliegt eins davon, fliegen alle nach …«, die Arme nach oben gehoben. Ihr Baby und Sie werden diese Zeiten lieben, und Sie brauchen noch nicht einmal die gewohnte Umgebung verlassen.

Irrtum 20

Schwangere, die in den Wehen liegen, dürfen nichts essen und trinken!

Wissenschaftliche Untersuchungen des *Londoner King's College* ergaben, dass es keine Nachteile hat, wenn Frauen während der Wehen einen kleinen Imbiss einnehmen und etwas trinken – auch nicht vor einem eventuellen Kaiserschnitt. Die Frauen mussten sich nicht häufiger übergeben als Frauen, die nüchtern geblieben waren. Diese Befürchtung hatte man früher, als ein Kaiserschnitt nur mit Vollnarkose gemacht werden konnte und die Gefahr bestand, dass die Frau erbricht und das Erbrochene in die Atemwege gelangt.

Essen und Trinken während der Wehen kann Frauen helfen, eine anstrengende Geburt über viele Stunden besser zu überstehen. Geeignet dazu sind leichte Snacks, z.B. Obst oder Trockenobst, Müsliriegel, Nüsse oder belegte Brote. Gegen den Durst helfen am besten Tee und stilles Wasser. Auf kohlensäurehaltige Getränke sollte verzichtet werden, denn davon kann einem leicht übel werden.
Selbst wenn ein Kaiserschnitt unter Vollnarkose gemacht werden soll, ist das Risiko des Erbrechens gering. Während der Narkose wird nämlich ein leichter Druck auf den Ringknorpel im Nacken ausgeübt, um die Verbindung zwischen Speiseröhre und Lunge zu schließen und ein Einfließen von Mageninhalt zu verhindern. Doch die meisten Kaiserschnittgeburten werden mittels Epiduralanästhesie oder Spinalanästhesie durchgeführt. Deshalb macht es erst recht keinen Sinn, Frauen bei einer langen Geburt hungern zu lassen.

Irrtum 21

Flaschenbabys können nicht auf Langstreckenflügen mitgenommen werden!

Zwar gibt es seit November 2006 die europäische Verordnung, dass jeder Passagier nur 5 x 100 ml Flüssigkeit im Handgepäck mitnehmen darf. Mit einem Baby dürfen Sie aber ohne Begrenzung so viel Flüssigkeit, abgekochtes Wasser, Milchpulver und Brei mitnehmen, wie Sie benötigen. Gleiches gilt für Obst- und Gemüsegläschen sowie für Obstsaft. Auch alle sonstigen Utensilien, die Sie für Ihr Baby während des Fluges benötigen, dürfen Sie mit in die Kabine nehmen, selbst Glasflaschen für die Babymilch.

Am Flughafen wird geprüft, ob es sich bei den mitgebrachten Flüssigkeiten tatsächlich um Wasser und Milchpulver handelt. Planen Sie deshalb bei Ihrem Abflug extra Zeit für die Security ein, und packen Sie alles übersichtlich in durchsichtige Plastikbeutel, damit ersparen Sie sich viel Zeit, und Sie brauchen nicht alles zur Überprüfung einzeln auszupacken.

Nehmen Sie genügend heißes und kaltes abgekochtes Wasser am besten in Thermoskannen mit ins Flugzeug, denn Babys trinken während des Fluges mehr als gewöhnlich. Im Flugzeug erhalten Sie Wasser nicht abgekocht (wichtig in den ersten sechs Lebensmonaten des Babys), es wird nur über einer Düse erhitzt. Planen Sie auch Extramahlzeiten beim Start, bei der Landung und für eventuelle Verspätungen, besonders, wenn Sie umsteigen müssen, ein.

Irrtum 22

Der Schnuller gefährdet den Stillerfolg!

Forscher aus den USA haben 29 Studien aus zwölf Ländern ausgewertet und kamen zu dem Ergebnis, dass der Schnuller den Stillerfolg nicht gefährdet. Wenn ein Säugling ein starkes Saugbedürfnis hat, kann er ohne schlechtes Gewissen einen Schnuller bekommen und sich damit monoton in den Schlaf nuckeln. Schnullern während des Schlafs kann außerdem vor dem plötzlichen Kindstod schützen.

Nicht jede Mutter möchte oder kann zeitlich ihre Brust als Schnuller-Ersatz zur Verfügung stellen. Monotones Saugen aber vermittelt dem Baby Geborgenheit und Ruhe, sein ganzes Nervensystem wird dabei stimuliert. Einige Babys schreien deshalb auch die Brust an, weil sie nur nuckeln wollen und nicht schlucken.

»Muttermilch ist die beste Nahrung für mein Kind, deshalb stille ich auch, aber ich möchte bald in meinen Beruf zurück, und da wäre es unfair, wenn ich ihm angewöhne, immer an meiner Brust zu schlafen«, erklärte mir eine junge Mutter. Aber einen Schnuller sollte ihr Kind auch nicht bekommen, weil sie der Meinung war, Schnuller seien nur schwer wieder abzugewöhnen. Ihr Sohn hatte aber ein sehr starkes Saugbedürfnis, so dass er sich schon in den ersten Wochen seine kleine Faust ganz wund gesaugt hatte. »Wenn er erst einmal seinen Daumen gefunden hat«, sagte ich der Mutter, »ist es später viel schwerer diesen wieder abzugewöhnen. Ein Schnuller ist besser als der Daumen und oftmals eine Erleichterung, wenn das Baby ein starkes Saugbedürfnis hat, das durch die Brust nicht befriedigt werden kann.« Die Mutter ließ sich überzeugen und sah ein, dass das Saugen für ihren Sohn wichtig war und ihn beruhigte. Der Schnuller störte oder behinderte auch die perfekte Stillbeziehung und den Stillerfolg nicht. Selbst wenn das Baby zwischen den Stillzeiten sein Saugbedürfnis mit einem Schnuller befriedigte, saugte es bei jeder Mahlzeit hingebungsvoll an der Brust und stillte seinen Hunger.

Irrtum 23

Im Laufställchen fühlt sich das Baby abgeschoben!

Im Ställchen kann das Baby altersgerecht und selbstständig seine Körperentwicklung erleben und auf natürliche Weise, entsprechend seinen Bedürfnissen, lernen zu stehen, zu gehen und sich alleine an den Stäben hochzuziehen. Es kann in Ruhe und ohne Gefahr seine Umgebung wahrnehmen und sich ausgiebig mit einem Spielzeug beschäftigen.

Mit etwa vier Wochen fühlen sich Babys im Laufställchen wohl – wenn sie sich in den gleichen Räumlichkeiten aufhalten wie der Rest der Familie. Sie sind geschützt und doch dabei, z. B. in der Küche oder im Wohn- und Arbeitszimmer. Das Baby hört die vertrauten Stimmen, kann sich frei bewegen, sich in ein Spiel vertiefen und spürt die Nähe und Zuneigung seiner Bezugspersonen, ohne dass es ständig herumgetragen werden muss. Das Ställchen dient auch der Sicherheit Ihres Babys. Es kann immer in Ihrer Nähe sein, auch bei Tätigkeiten, bei denen Sie Ihrem Kind nicht die volle Aufmerksamkeit schenken können. Im eigenen Zimmer mit einem Türgitter dagegen wäre es isoliert und eingesperrt, und das kann zu Trennungsängsten führen. Allerdings sollte das Laufställchen nicht als Dauerparkplatz, womöglich noch vor laufendem Fernseher, missbraucht werden.

Irrtum 24

Sitzgestelle und Gehfreigestelle helfen dem Baby, früher laufen zu lernen!

Finger weg von diesen sogenannten Lauflernhilfen. Oft hängen die Babys einseitig in den Gestellen, was nicht nur ihre Hüften schädigt. Da sie sich nur mit den Zehen abstoßen, kann es zu Fußfehlstellungen kommen, die später zeitaufwändig und kostenintensiv mit Krankengymnastik ausgeglichen werden müssen.

Mit Sitz- und Gehfreigestellen lernt das Baby nicht seiner Motorik entsprechend laufen, wie z. B. seitwärts gehend, sich an Möbeln festhaltend. Auch das »In-die-Hocke-gehen« findet nicht statt. Dies ist für die Entwicklung des Kindes kontraproduktiv und eben nicht entwicklungsrichtig. Statt in ein solches Gerät gesetzt oder gestellt zu werden, sollte das Baby lieber durch die Wohnung robben und krabbeln, was für seine Motorik und für die spätere Koordination wichtig ist. Beim »Sich-Hochziehen«, »Hochkommen« und »Hinstellen« oder auch »die-Richtung-wechseln« übt das Kind sein Gleichgewicht und seine Balance.
Neben den negativen Entwicklungsaspekten sind solche Geräte zudem höchst gefährlich. Durch die Rollen unten am Gestell und ohne Bremse und Knautschzone bekommt das Baby eine Geschwindigkeit, die es nicht beherrschen kann. Auch ist es nicht in der Lage, Gefahren wie Treppen, Regale oder Tischkanten zu erkennen. Jährlich verunglücken viele Kinder auf diese Weise mit schlimmen Folgen.

Irrtum 25

Frauen, die per Kaiserschnitt entbinden, haben keine Nachwehen!

Die Nachgeburtswehen, die die Aufgabe haben, eine halbe bis eine Stunde nach der Geburt des Kindes, die Plazenta auszustoßen, haben Frauen mit einem Kaiserschnitt nicht.
Bei einem Kaiserschnitt wird bei der sogenannten Ausschabung direkt nach der Entbindung die Plazenta entfernt.
Nach einem Kaiserschnitt bekommen Frauen in vielen Kliniken aber wehenfördernde Mittel. Damit soll sich die Gebärmutter wieder besser und schneller auf ihre normale Größe zurückbilden. Diese Mittel können auch starke Nachwehen auslösen. Aber auch ohne diese wehenfördernden Mittel haben Frauen, die mit Kaiserschnitt entbinden, genau wie bei einer Spontangeburt, Nachwehen.
Bei einer Spontangeburt spüren Frauen diese Nachgeburtswehen meist nicht, weil sie noch durch die Geburt ihres Kindes unter Endorphinen stehen.

Nach zwanzig Stunden Wehen musste doch ein Kaiserschnitt durchgeführt werden. Die junge Mutter war nach dieser Strapaze mehr als erschöpft, sie wollte nur noch schlafen. Aber sie hatte so starke Schmerzen, dass sie kaum zur Ruhe kam. Selbst die Hebamme war erstaunt über die Heftigkeit der Nachwehen. Ihr Gynäkologe meinte, es liege an den wehenfördernden Mitteln, die häufig nach einem Kaiserschnitt verabreicht werden, um eine bessere Rückbildung der Gebärmutter zu gewährleisten. Diese Umstände erschwerten das Stillen und trübten das Mutterglück der jungen Frau in den ersten Wochen extrem.
Sprechen Sie vor der Entbindung mit Ihrem Arzt über die Verabreichung von wehenfördernden Mitteln nach einem möglichen Kaiserschnitt, und legen Sie fest, dass Sie keine oder nur eine minimale Dosis bekommen möchten.

Irrtum 26

Bei einer Schwangerschaftsvergiftung produziert der Körper Gift!

Unter dem landläufigen Begriff »Schwangerschaftsvergiftung« versteht man medizinisch eine Gestose / Präeklampsie. Das ist keine Vergiftung des Körpers oder des Bluts, wie beispielsweise eine Blutvergiftung, sondern eine schwangerschaftsbedingte Erkrankung, von der fünf bis zehn Prozent der Schwangeren betroffen sind. Die Ursache von Gestose ist nicht eindeutig geklärt. Eine Reihe neuerer Untersuchungen lassen die Vermutung zu, dass der Bluthochdruck durch das Ungleichgewicht zweier Hormone verursacht wird, die an seiner Regulation beteiligt sind. Auch wird diskutiert, ob es an einer Fehlentwicklung der arteriellen Gefäße in der Plazenta (Mutterkuchen) liege. Eine Studie in Pittsburgh zeigt, dass ein Vitamin-D-Mangel in der Frühschwangerschaft das Entstehen der Erkrankung begünstigt.
Bei einer Präeklampsie kommt es zu einer Mangelversorgung des ungeborenen Kindes, weil die Durchblutung des Mutterkuchens nicht ausreichend ist. Meist tritt die Erkrankung im letzten Schwangerschaftsdrittel auf. In seltenen Fällen kommt es zum Ausfall der Funktion des Mutterkuchens. Dann wird das Ungeborene nicht mehr ausreichend versorgt und die Geburt muss eingeleitet werden.
Früher wurde angenommen, dass der Körper der Schwangeren ein körpereigenes Gift produziert und dies der Auslöser der Gestose / Präeklampsie sei. Daher der Name Schwangerschaftsvergiftung.

Um eine sogenannte Schwangerschaftsvergiftung früh zu erkennen, ist eine konsequente und gründliche Schwangerschaftsvorsorge unerlässlich. Bei jedem Arztbesuch wird der Blutdruck gemessen, der Urin und eventuell vorhandene Ödeme untersucht. Da die Ursache unklar ist, richtet sich die Therapie nach der Schwere der Gestose / Präeklampsie. Es können auch nur die Symptome behandelt werden. Die Schwangere bekommt blutdrucksenkende Medikamente, jedoch soll der Wert nicht unter 140 / 90 gesenkt werden, um das Kind nicht zu gefährden. Da der Mutterkuchen vermindert durchblutet ist, geben einige Frauenärzte in geringen Dosen Aspirin.

Bei dauerhaft ausgeprägtem hohen Blutdruck, scheidet die Niere vermehrt Eiweiß aus, der Eiweißverlust muss über die Nahrung wieder aufgenommen werden, um den Verlust auszugleichen. Deshalb müssen Mutter und Kind bis zum Zeitpunkt der Geburt in einer Klinik streng überwacht werden. Mittels sogenanntem Doppler-Ultraschalls können die Ärzte die kindliche Durchblutung und den Blutfluss im Mutterkuchen messen und gegebenenfalls den Blutdruck medikamentös senken. Die einzige Form der Heilung ist die Entbindung.

Eine ausgewogene, eiweißreiche Ernährung und nicht salzarmer Kost kann hilfreich sein, um eine Gestose / Präeklampsie zu verhindern.

Irrtum 27

Eine Mutter, die stillt, muss immer anwesend sein!

Zweifelsohne ist Muttermilch die beste und bequemste Ernährung für das Baby. Aber deswegen ist die Mutter nicht an das Baby »gekettet« und muss immer verfügbar sein. Nur genügend Muttermilch sollte immer vorrätig sein. Sie können Ihre Milch abpumpen oder ausstreichen und im Kühlschrank, aber nicht in der Kühlschranktür, ca. zwei Tage oder tiefgekühlt ca. sechs Monate aufbewahren. Bei Bedarf wieder erwärmt, steht dem Baby seine Muttermilch jederzeit zur Verfügung. Stillen und eine flexible Lebensweise sind längst kein Widerspruch mehr, und das hilft Frauen, die gerne schnell in ihren Beruf zurück wollen oder müssen, sich leichter für das Stillen ihres Babys zu entscheiden. Und auch die Väter können mit dieser Methode den Hunger ihres Babys stillen – ein Wunsch, den immer mehr Männer empfinden.

Legen Sie sich einen Vorrat an Muttermilch an. Sammeln Sie am besten in den letzten zwei Wochen, in denen Sie noch in Mutterschutz und zu Hause sind, Ihre Milch und frieren Sie diese in kleinen Mengen ein. Vergessen Sie nicht, die Milchmenge und das Datum, wann Sie die Milch eingefroren haben, auf den Beutel zu schreiben.

Zum Abpumpen können Sie sich aus der Apotheke oder über das Internet eine elektrische Tandemmilchpumpe mit Kühltasche besorgen, die auch mit Batterie und manuell betrieben oder im Auto an den Zigarettenanzünder angeschlossen werden kann. Eine solche Pumpe ist handlich und unauffällig in einem schwarzen Rucksack oder einer Tasche verpackt. Aber vor allem ist diese Pumpe im Verhältnis zu vielen anderen Pumpen sehr leise und leicht zu bedienen, und Sie können beide Brüste zur gleichen Zeit abpumpen. Ein solches Gerät können Sie sich auch in der Apotheke ausleihen. Je nach Stilldauer und Leihgebühr und vor allem, wenn Sie sich noch weitere Kinder wünschen, ist ein Kauf vielleicht aber die sinnvollere Lösung. Das Pumpenset müssen Sie immer extra kaufen, auch bei der Leihpumpe aus der Apotheke. Denken Sie daran, dass Sie auf beruflichen Reisen die gebrauchten Pumpsets nicht sterilisieren können, meistens gibt es auch im Büro keine Möglichkeit zum Sterilisieren oder Auskochen. Deshalb sollten Sie gleich mehrere Pumpsets kaufen.

An Ihrer Arbeitsstelle sollten Sie die Milch, wenn möglich, in den Kühlschrank stellen. Oder Sie kaufen sich einen kleinen Kühlschrank, den Sie im Auto an den Zigarettenanzünder anschließen können. So können Sie etwa zwei bis drei Mahlzeiten am Tage während Ihrer beruflichen Tätigkeit und der damit verbundenen Abwesenheit von zu Hause abpumpen, und Ihr Baby wird dennoch mit Ihrer Muttermilch ernährt.

Irrtum 28

Jede Mutter kann stillen, wenn sie nur will!

Etwa zehn Prozent aller Mütter können aus medizinischen oder psychischen Gründen nicht stillen. Mit Aussagen wie »Jede Frau kann stillen, wenn sie nur will« werden junge Mütter unter Druck gesetzt, unter allen Umständen zu stillen. Allein der Wille reicht aber in vielen Fällen nicht aus, es müssen auch die Rahmenbedingungen stimmen, z. B. Verständnis und Unterstützung vom Partner, Zeit, Ruhe und die kompetente Hilfe einer Stillberaterin, Kinderkrankenschwester oder Hebamme.

Für das Stillen sind in erster Linie die Hormone Prolaktin und Oxytocin verantwortlich, die in der Hirnanhangsdrüse gebildet werden und über den Blutkreislauf zu den Brustdrüsen gelangen. Deshalb heißt es zu Recht: Stillen beginnt im Kopf. Die Psyche spielt beim Stillen eine sehr große Rolle, z.B. wenn die Mutter vor jeder Stillmahlzeit Angst hat, weil es schmerzen oder vielleicht wieder nicht funktionieren könnte, hat das direkten Einfluss auf die Milchproduktion. Positiver oder negativer Stress sowie Hektik, Streit, Schlafmangel und Überlastung können ebenfalls zur Milchreduktion führen, eventuell sogar zum plötzlichen Versiegen der Milchbildung. Dies ganz besonders, wenn noch Geschwisterkinder und Haushalt zu versorgen sind und die junge Mutter nicht zur Ruhe kommt. Aber auch persönliche traumatische Ereignisse, z.B. Todesfall oder schwere Erkrankungen in der Familie, können ein Grund sein, dass die Milch nicht fließt.

Wenn es mit dem Stillen nicht klappen will, seien Sie bitte nicht verzweifelt und setzen Sie sich nicht selbst unter Druck. Eine Zwiemilchernährung (Muttermilch und Säuglingsmilch) oder nur Säuglingsmilch mit der Flasche liebevoll gefüttert ist eine gute Alternative. Auf keinen Fall darf man reflexartig Stillen mit Mutterliebe gleichsetzen.

Irrtum 29

In den ersten Wochen schläft und isst ein Baby nur!

Das ist meist nur in den ersten Tagen nach der Geburt der Fall, wenn sich das Baby von den Geburtsstrapazen erholt. Schon sehr früh hat ein kleines Baby Wachphasen und möchte dann Aufmerksamkeit und Zuwendung und das Gefühl vermittelt bekommen, angekommen zu sein. Es will auch nicht immer nur herumgetragen werden, sondern seinen großen Bewegungsdrang ausleben können. Mit Beginn des zweiten Monats reagieren Babys auch schon auf visuelle Reize, wie z. B. auf glänzende, hellschimmernde Gegenstände sowie auf kräftige Farbtöne und schwarzweiß und rot Kontraste.

Ich habe immer wieder werdende Mütter erlebt, die glaubten, wenn erst mal das Baby da ist und sie zu Hause sind, hätten sie viel Zeit, um Liegengebliebenes aufzuarbeiten. Eine junge Mutter plante sogar die Fertigstellung ihrer Doktorarbeit. »Außer Stillen passiert ja nicht viel, so ein Baby schläft doch zwanzig Stunden, das kann man überall nachlesen«, war ihre zeitoptimistische Einstellung. So eine lange Schlafdauer ist aber absolut nicht der Fall. Denn in den ersten Wochen bekommt ein Baby zwischen acht und zehn Mahlzeiten täglich, mit Bäuerchen und Wickeln dauert jede Mahlzeit ca. eine halbe Stunde. Mit täglichem Waschen und Umziehen und Ansprache muss man allein für die Babypflege acht bis neun Stunden am Tag einplanen. Auch werden Babys von Woche zu Woche wacher und möchten Zuwendung, Nähe und Ansprache. Hinzu kommen bei der Mutter permanenter Schlafmangel und die daraus resultierende Erschöpfung.
Erledigen Sie daher möglichst viel noch vor der Geburt Ihres Kindes! Denn ist das Kind erst einmal geboren, sind Sie zunächst zeitlich sehr eingeschränkt. Es wird nichts mehr so sein wie vor der Geburt.
Die Doktorarbeit wurde übrigens fertiggestellt als die Kleine in die Krippe kam.

Irrtum 30

Erziehung beginnt erst im Kleinkindalter!

Die geistige und körperliche Entwicklung beginnt schon im ersten Lebensjahr und ist eng miteinander verwoben. Da jedes Kind ein Individuum ist, ist auch die körperliche Reife bei jedem Kind unterschiedlich. Eltern müssen die Bedürfnisse ihres Babys verstehen und auf sie eingehen. Ein Baby muss sich auf seine Eltern verlassen können, die ihm den Weg mit Sicherheit, Zuwendung und Orientierung in behütender Liebe zeigen und vorleben.

Im ersten Lebensjahr sollte die »Erziehung« umfassend sein. Babys brauchen Augenkontakt, Klarheit, Verlässlichkeit, Zuwendung. Routine und ein geregelter sich immer wiederholender Tagesablauf sind von Anfang an wichtig und nützlich, denn Babys sind zufriedener, schlafen und essen besser, wenn sie von Geburt an Strukturen erleben. Rhythmus, Regelmäßigkeit und Rituale sind eine erste Form von Regeln, durch die Ihr Kind später leichter lernt, Grenzen zu verstehen und zu akzeptieren.
Auch Freundlichkeit in der Stimme ist wichtig. So sollten Babys nie angeschrien werden, egal, in welchem Alter sie sind – auch nicht beim zwanzigsten Nein. Als Eltern tragen Sie die Verantwortung für das Wohlbefinden, die Sicherheit und altersentsprechende Entwicklung Ihres Babys.

Irrtum 31

Babys, die einen Schnuller bekommen, bleiben später in ihrer Sprachentwicklung zurück!

Das Gegenteil ist der Fall. Das Baby trainiert mit dem Nuckeln am Schnuller die Mundmuskulatur und die Zunge. Eine kräftige Zunge ist flexibler und erleichtert das Sprechen. Kinder, die in den ersten beiden Lebensjahren einen Schnuller zum Einschlafen haben durften, lernen schneller sprechen. Nur Dauernuckeln und das Sprechen mit dem Schnuller im Mund ist für die Sprachentwicklung nicht nur hinderlich, sondern schädlich, denn beim Sprechen mit Schnuller wird eine falsche Zungenfertigkeit geübt.

Der Schnuller ist nicht grundsätzlich schlecht, vielmehr hängt es davon ab, wie Sie ihn als Eltern einsetzen. Sie sollten z.B. nicht gleich bei jedem Muckser Ihrem Baby den Schnuller in den Mund stecken. Auch sollte nicht jede Gefühlsäußerung mit einem Schnuller unterbunden werden. Nehmen Sie lieber Ihr Baby in den Arm und trösten Sie es mit Reimen und Liedern, denn das fördert die Sprachentwicklung besonders gut.
Tagsüber, wenn Ihr Baby wach ist, sollte es ab dem sechsten Monat den Schnuller nur noch zum Einschlafen bekommen. Durch das monotone Saugen schlafen Babys leichter ein. Wenn es wieder aufgewacht ist, lassen Sie den Schnuller im Bett liegen und zeigen und sagen Sie das Ihrem Kind. Außerhalb der Schlafenszeit kann Ihr Baby dann brabbeln, verschiedene Laute ausprobieren und mit der Zunge spielen. Dieser spielerische Umgang ist für die Babys eine wertvolle Erfahrung, die den späteren Spracherwerb erleichtert, weil diese Eindrücke im Gehirn registriert werden. Ab dem siebten Monat lässt das Saugbedürfnis nach. Babys, die dauerhaft und zu oft einen Schnuller bekommen, leiden häufiger an Luftwegsinfekten und Mittelohrentzündungen.

Irrtum 32

Babys Ernährung muss abwechslungsreich sein!

Babys sind keine Gourmets. In erster Linie muss ihre Ernährung gut bekömmlich und altersentsprechend sein. Grundsätzlich sind sie mit wenig Abwechslung in der Ernährung zufrieden und finden es nicht langweilig, ein bis zwei Wochen lang jeden Tag das gleiche Gemüse oder den gleichen Brei zu essen. Dies hilft auch ihren Organen beim Stoffwechsel, besonders dem unreifen Darm und den Darmzotten, aber auch dem Magen, der Galle, der Leber und den Nieren.

Mit Beginn der Beikost sollte sich das Baby langsam nach und nach an neue Lebensmittel gewöhnen. Geben Sie immer eine Woche lang das gleiche Obst oder Gemüse. Beginnen Sie mit süßen heimischen Obst- und Gemüsesorten. Ihr Baby kennt süßen Geschmack, sowohl das Fruchtwasser als auch die Muttermilch ist sehr süß (aber auf keinen Fall das Obst oder Gemüse nachsüßen).

Wenn Sie so vorgehen, können Sie auch gut feststellen, auf welches Nahrungsmittel Ihr Baby eventuell mit Hautausschlag, Durchfall, Atemproblemen, Husten oder mit einer laufenden Nase als Zeichen einer Allergie reagiert.

Karotten sollten Sie nach vier bis sechs Wochen nicht zu häufig geben, weil sich das überschüssige Vitamin A in der Leber, den Nieren und den Knochen sowie der Haut einlagert.

Mit dem Start der Beikost soll aber nicht das Stillen beendet werden, sondern die Ernährung des Babys wird dadurch ergänzt. Die Beikost dient auch der Eisenversorgung. Wenn das Baby Interesse am Essen der Erwachsenen zeigt, ist das ein Zeichen dafür, dass es bereit ist mit dem Löffel zu essen.

Irrtum 33

Während der Stillzeit muss eine Mutter zusätzlich Vitaminpräparate einnehmen!

Die Bundeszentrale für gesundheitliche Aufklärung (BzfgA) weist darauf hin, dass jeglicher Beweis für einen Nutzen solcher Produkte fehlt. Eine ausgewogene, gesunde und vitaminreiche Ernährung ist ausreichend. Eine Überdosierung von Vitaminpräparaten ist nicht ungefährlich und kann eine Vitaminvergiftung hervorrufen. Dies bezieht sich insbesondere auf die fettlöslichen Vitamine A und D.
Nicht alle überschüssige Vitamine werden einfach wieder ausgeschieden, sondern lagern sich ein, bestes Beispiel Vitamin A in die Haut, aber auch in Knochen, der Nieren und Leber. Wenn zum Beispiel ein Baby ständig Karottengemüse und Karottensaft bekommt, lagert es sich gut sichtbar in der Haut ein, es wird »karottengelb« was äußerlich gut sichtbar ist.

Gestillte Babys reagieren häufig mit Bauchschmerzen auf die Einnahme von Vitaminpräparaten durch die Mutter. Besonders Vitamin-C-Brausetabletten und Eisentabletten führen über die Milch fast immer zu Unruhe, wundem Po und Bauchschmerzen. Die Einnahme der Eisenpräparate kann neben Bauchschmerzen auch Verstopfung beim Baby auslösen. Die Babys sind unruhig und leiden unter dem harten Stuhl.

Die gesunde tägliche Ernährung für die Mutter besteht aus frischem Gemüse, Obst und Vollkornprodukten, diese liefern Vitamine, Mineralien und Ballaststoffe. Essen Sie zudem regelmäßig Fleisch und Fisch, dadurch erhalten Sie das nötigte Eisen, Eiweiß und Jod. Milchprodukte, z.B. Quark und Joghurt, Käse und auch Milch selbst, sollten Sie täglich zu sich nehmen, weil Ihr Kalziumbedarf in der Stillzeit erhöht ist.

Blähende Lebensmittel, wie Hülsenfrüchte, Zwiebel und Knoblauch, sollten Sie in den ersten acht Wochen ganz meiden. Im dritten Monat ist der Darm Ihres Babys schon etwas reifer und Sie können mit einer geringen Menge solcher Lebensmittel beginnen, am besten mit nur leicht blähendem Gemüse, z.B. Brokkoli und Blumenkohl, und sehen wie Ihr Baby reagiert.

Gut zwei Liter Flüssigkeit am Tag sollten Sie trinken, aber bedenken Sie, dass Ihr Baby auch immer mittrinkt, weil fast alles in die Muttermilch übergeht. Seien Sie also vorsichtig mit Genussmitteln wie Kaffee und Tee oder auch Cola. Am besten Sie trinken zu jedem Stillen stilles Wasser. Alkohol sollten Sie meiden, allenfalls nur hin und wieder ein Glas Wein, Sekt oder Bier, denn der Organismus Ihres Babys kann den Alkohol kaum abbauen. Bei regelmäßigem Alkoholgenuss der stillenden Mutter reduziert sich auch der Milchfluss. Es gibt auch alkoholfreies Bier, Sekt und Wein, Getränke, die Ihnen eventuell auch schmecken und Ihrem Baby besser bekommen und nicht schaden.

Irrtum 34

Sonnenbrillen für Babys sind modischer Schnick-Schnack!

Die Sonnenbrille ist ein effektiver Schutz der Augen nicht nur für Erwachsene, sondern auch für wenige Wochen alte Babys. Diese brauchen eine Sonnenbrille wenn Sie z B. mit ihnen im Sommer ans Meer fahren oder ins Schwimmbad gehen. Im Winter ist die Sonnenbrille sogar noch wichtiger, denn Schnee und Eis reflektieren das Sonnenlicht in hohem Maße.

Wer die Augen der Babys zu lange ungeschützt lässt, riskiert einen gerade in jungen Jahren nicht zu unterschätzenden Sonnenbrand auf der Hornhaut des Auges. In extremen Fällen kann es zu einer gefährlichen Bindehautverlederung kommen, die zum grauen Star führt.

Kaufen Sie Ihrem Baby eine gutsitzende die Augen ganz umschließende Brille, damit die Strahlen nicht seitlich eindringen können. Außerdem sollte das Brillenglas eine optimale Filterung des Sonnenlichtes bewirken. Die Brille muss einen Breitband-UV-Schutz mit einem Mindestwert von 400 besitzen, der die gefährlichen ultravioletten Strahlen filtert und so das Auge schützt. Achten Sie beim Kauf darauf, dass die Brille das CE-Prüfzeichen trägt, damit Sie die Sicherheit haben, dass auch wirklich ein nachhaltiger Schutz besteht. Die Dicke der Gläser ist unerheblich, wichtig dagegen ist ihre Farbe: Sie sollten braune oder grüne Gläser wählen, denn diese unterstützen die Natürlichkeit des Sehens. Blaue Gläser lassen zu viel UV-Licht durch.

Irrtum 35

Babys brauchen keinen Sonnenschutz, wenn sie sich im Schatten aufhalten!

Bis zu 85 Prozent der Sonnenstrahlen werden von Gebäuden, von Sand und Wasser reflektiert. Deshalb müssen Babys, auch wenn sie im Schatten stehen oder wenn es bewölkt ist, vor der Sonne geschützt werden. Grundsätzlich sind UV-Sonnenstrahlen gefährlich! Bei ungenügendem Schutz verursachen sie Hautschäden. Auch ein Sonnenschirm und Sonnenhut halten die Strahlen der Sonne nicht ausreichend ab.

Lassen Sie Ihr Baby nur mit ausreichendem Sonnenschutz im Schatten spielen oder schlafen. Guter Sonnenschutz ist Kleidung mit einem hohen UV-Schutzfaktor von 50 und mehr. Der Körper, die Arme und die Beine sollten mit Schutzkleidung bedeckt sein, denn Bekleidung ist besser als cremen. Beim Kauf von Schutzkleidung auf UV-Standard 801 achten, denn dieser berücksichtigt die Abnutzung der Textilien. Kleidung ohne UV-Schutz, sollte sehr dichtgewebt und aus dunkler Kunstfaser sein, die besser als helle Naturfaser schützt. Es gibt Waschmittel mit Sonnenschutz, die die Kleidung sonnenundurchlässiger machen, darin können Sie die Babykleidung inklusive Sonnenhut waschen. Aber nur einmal waschen nützt nichts, mindestens vier Waschgänge sind erforderlich.

Als Kopfbedeckung wählen Sie am besten einen Hut oder eine Kappe mit Nackenschild. Für die nichtbedeckten Hautstellen verwenden Sie eine Sonnencreme, die speziell für Babys geeignet ist, z.B. solche mit natürlichen Mineralien. Cremen Sie ca. zwanzig Minuten, bevor sie ins Freie gehen, Füße, auch Fußsohlen, Hände, Ohren, Nacken und Gesicht ein. Unter der Kleidung brauchen Sie nicht zu cremen. Nachcremen verlängert zwar nicht die Schutzzeit, durch wiederholtes Cremen können Sie aber den Schutz erneuern. Dies sollten Sie am Strand alle zwei Stunden tun, auch wenn sich Ihr Baby im Schatten aufhält. Trotz Sonnenhut oder Sonnenschirm muss das Gesicht eingecremt werden, weil diese nur vor direkter Strahlung, nicht aber vor den reflektierenden Sonnenstrahlen schützen. Auch wenn Sie eine wasserfeste Sonnencreme benutzen, sollten Sie vor und nach dem Planschen im Wasser ihr Baby erneut eincremen und ihm trockene Schutzkleidung anziehen.

Irrtum 36

Babys bekommen eine Saugverwirrung, wenn sie einen Schnuller benutzen oder an der Brust mit einem Saughütchen trinken!

Die Saugtechnik des Babys passt sich sehr flexibel an die Größe und an die Form der in den Mund genommenen Brustwarze oder des Saugers an. Ich habe noch nie eine Saugverwirrung bei einem Baby festgestellt! Dagegen habe ich schon mehrfach problemlos stillende Mütter erlebt, bei denen das Baby wegen einer sehr flachen Brustwarze oder einer Hohlwarze nur mit Saughütchen trinken konnte. Die Säuglinge sind recht geschickt und lernen in sehr kurzer Zeit, mit unterschiedlichen Saugtechniken umzugehen. Wichtig ist, dass Ihr Baby beim Sauger seinen Mund immer weit genug öffnet – so wie an der Brust, wenn es Brustwarze mit Warzenvorhof in den Mund nimmt.

Ich erinnere mich noch sehr gut an eine Familie, die ich vor ein paar Jahren betreute. Die junge Mutter, die zum ersten Mal schwanger war, hatte auf der einen Brust eine Hohlwarze, die andere Brustwarze war normal geformt. Um vollstillen zu können, musste die Mutter auf der einen Seite ein Saughütchen benutzen. Die Mutter der Schwangeren, also die werdende Großmutter, war jedoch überzeugt: »Kind, du wirst keinen Erfolg haben mit dem Stillen. Den Busen hast du von mir geerbt. Ich konnte auch nicht stillen!« Diesem Babyirrtum begegnete ich bereits beim ersten Kennenlerngespräch, als ich mit den künftigen Eltern und der Großmutter über das Thema Geburt und Stillen sprach. Ich erklärte, dass selbst Neugeborene mit dem Wechsel zwischen Saughütchen und gut greifbarer Brustwarze keine Probleme haben.

Nach der Geburt war die junge Mutter zunächst sehr verunsichert von den Aussagen ihrer Mutter und hatte Angst zu versagen. Die Großmutter ließ sich in den ersten Tagen keine Stillmahlzeit entgehen. Ruhig saß sie in einer Ecke und beobachtete erstaunt, wie geschickt ihr Enkelkind mit Saughütchen trinken lernte. Wir ließen am Anfang etwas Muttermilch in das Stillhütchen hineintropfen, damit es gleich beim Ansaugen merkte, da kommt Milch, und kräftig weitersaugte. Auch an der normal geformten Brustwarze lernte das Enkelkind ohne Probleme zu trinken, erst mit dann ohne Saughütchen. Etwas ungläubig, aber doch beeindruckt meinte die Großmutter, wir hätten das Baby ja auch mit der Milch im Saughütchen ausgetrickst! Aber nach drei Tagen war sie schließlich vollkommen begeistert, wie gut ihr Enkelkind mit zweierlei Saugtechniken trank – von wegen Saugverwirrung!

Irrtum 37

Babys dürfen nur auf dem Rücken liegen, um den plötzlichen Kindstod zu verhindern!

Nur im Schlaf ist die Bauchlage gefährlich. In den Wachphasen dagegen ist sie für die motorische Entwicklung des Babys sehr wichtig. In der Bauchlage lernt Ihr Baby robben und krabbeln, denn sie sieht den Vierfüßlerstand vor, bei dem es sich auf zwei Knien und beiden Händen aufstützt. Das ist eine Vorstufe des Krabbelns.
Neue Untersuchungen zu dem plötzlichen Kindstod haben ergeben, dass außer der Schlaflage noch die Überwärmung ein wichtiger Aspekt ist.

Wenn Sie Ihr Baby beim Wickeln immer wieder auf den Bauch legen, z. B. beim Waschen oder Anziehen, wird es die Bauchlage als ganz selbstverständlich erleben. Bald kann es aus dieser Position seinen Kopf anheben und halten und so auch besser seine Umgebung wahrnehmen. Dadurch bekommt es eine bessere Kopfkontrolle und die Rückenmuskulatur wird gestärkt. Das Krabbeln aus der Bauchlage heraus fördert neben dem Gleichgewichtssinn eine bewusste Körperwahrnehmung, zu der auch die Hand- und Augenkoordination gehören. Durch die diagonalen Bewegungen werden beide Hirnhälften aktiviert und auch das Sprachzentrum wird mit einbezogen.

In der Bauchlage haben die Babys die Möglichkeit, sich aktiv fortzubewegen, mit Kreisrutschen, Robben, Kriechen und dem Bärengang auf allen Vieren, und können sich hochziehen und frei stehen

Kinder, die nie gekrabbelt sind, müssen später häufig durch gezielte Übungen lernen, über die Körpermitte beide Gehirnhälften zu aktivieren und miteinander zu verbinden.

Irrtum 38

Weiße Flecken auf den Zähnen deuten immer auf Karies hin!

Nicht immer handelt es sich bei weißen Flecken um eine beginnende Karies. Es kommen verschiedene Ursachen in Frage. Es kann sich um eine Hyperfluorose handeln, die harmlos ist, denn der Zahnschmelz wird dadurch nicht angegriffen. Während der Entwicklung des Zahns wurde zu viel Fluorid in den Zahn eingelagert. Da beide Schneidezähne zeitgleich gebildet werden, sind normalerweise auch beide betroffen. Hier bedarf es keiner Therapie, sondern höchstens einer kosmetischen Behandlung.

Zahnärzte fordern, Babys keine Fluortabletten mehr zu geben, um einen Fluoridschaden zu vermeiden. Als Ursache für weiße Flecken auf den Zähnen kommt aber auch eine Schmelzdysplasie in Frage, die genetisch bedingt sein kann oder durch einen zu niedrigen Kalziumspiegel im Blut hervorgerufen wird. Wenn Kinder im Milchzahnalter während der Bildung der bleibenden Zähne durch einen Unfall einen Milchzahn verlieren, kommt es vor, dass die Zahnkrone des bleibenden Zahnes verletzt wird. Dies kann auch eine mögliche Ursache sein und betrifft in der Regel nur einen Frontzahn.

Auch eine beginnende Verkalkung der Zähne aufgrund von Säureschäden, die durch zu viele Fruchtsäfte und Zucker verursacht werden, erzeugt weiß-gelbe Flecken und macht die Zahnoberfläche rau.

Irrtum 39

Wenn weiche Zähne in der Familie verbreitet sind, bekommt das Kind zwangsläufig Karies!

Zwar hängt das Gebiss grundsätzlich vom Erbgut ab. Hauptursache für Milchzahnkaries ist jedoch mangelnde Zahn- und Mundhygiene und die geliebte Nuckelflasche, die für viele Eltern und Kleinkinder ständiger Begleiter ist.

Ob ein Kind schon im Babyalter Karies bekommt, wird in erster Linie durch ungesunde Ernährung und Dauernuckeln an Trinkflaschen mit zuckerhaltigen Getränken in Kombination mit ungenügender Zahnpflege beeinflusst. Im Alter von zwölf Monaten sollten Sie beginnen, die Nuckelflasche gegen einen Becher bzw. eine babygerechte Tasse mit zwei Henkeln und einen Trinkdeckel auszutauschen, um die dann meist schon vorhandenen Zähne zu schützen. Nächtliche Milchflaschen sollten spätesten mit Erreichen des ersten Lebensjahrs eingestellt werden. Beim ersten Kind haben die Eltern noch die Möglichkeit, dass ihr Kind in den ersten beiden Lebensjahren keine Süßigkeiten kennenlernt. Es braucht auch keine Säfte oder süße Breie. Mit größeren Geschwisterkindern wird eine solche Abstinenz schwer durchzuhalten sein. Wenn Sie aber auf eine bewusste Ernährung und eine ausreichende Zahnhygiene achten, verbunden mit der nötigen Karies-Prophylaxe ab dem sechsten Monat, ist das die beste Voraussetzung für die gesunde Entwicklung der späteren bleibenden Zähne.

Irrtum 40

Babys müssen lernen, die Flasche auszutrinken und ihren Teller leerzuessen!

Als Eltern können Sie entscheiden, wann und was Ihr Baby essen und trinken soll. Aber wie viel Ihr Baby isst und trinkt, bestimmt es selbst, solange es gedeiht. Sie sollten Ihrem Baby nicht übermäßig reichhaltige Nahrung aufzwängen. Je ängstlicher Eltern reagieren, wenn ihr Baby in ihren Augen nicht genug isst, desto heftiger verweigert sich das Kind.

Solange Ihr Baby gedeiht und kontinuierlich altersentsprechend zunimmt, sollten Sie sich keine Sorgen machen, selbst wenn es in Ihren Augen zu wenig isst. Zwingen Sie Ihr Kind nie zum Essen und laufen Sie ihm auch nicht mit dem Essen hinterher, um sobald der Mund aufgeht, schnell etwas hineinzustopfen. Am gedeckten Tisch ist noch kein gesundes Kind verhungert. Wichtig ist mit Beginn der Beikost, dass Sie auf ausreichend Flüssigkeit achten.

Untersuchungen haben gezeigt, dass ältere Säuglinge und Kleinkinder zu wenig trinken. Schon ein leichter Flüssigkeitsmangel beeinträchtigt ihr Wohlbefinden. Anzeichen dafür sind quengeln, ständige Müdigkeit und dass das Baby gereizt und unzufrieden reagiert. Zu wenig Flüssigkeit kann beim Baby nicht nur zu Verstopfung führen, sondern auch zu Harnwegsinfektionen. Bieten Sie Ihrem Baby deshalb immer wieder Flüssigkeiten an, auch zu jeder Mahlzeit, die keine Milchmahlzeit ist, am besten Wasser oder ungesüßten Tee. Säfte hätten nur unnötige Kalorien und schaden den Zähnen. Als Orientierung sollten Babys im ersten Lebensjahr neben den Breimahlzeiten, die ja auch Flüssigkeit enthalten, noch ca. 200 ml Wasser / Flüssigkeit zu sich nehmen.

Wird das Baby noch vollgestillt, braucht es nur selten bei Fieber und großer Hitze zusätzlich Wasser.

Irrtum 41

Ungeborene und zu früh geborene Säuglinge sind schmerzunempfindlich!

Forscher fanden heraus, dass Säuglinge schon mit Beginn der 36. Schwangerschaftswoche schmerzempfindlich sind. Dazu wurden die Hirnströme von Frühchen, deren Entwicklungsalter zwischen der 28. und 45. Woche lag, untersucht. Die Wissenschaftler verglichen die Hirnaktivitäten bei Schmerz und normaler Berührung. Eine routinemäßige Blutabnahme durch einen Stich in die Ferse stand hierbei für den Schmerz, das Klopfen mit einem Reflexhämmerchen für eine normale Berührung. Nach der 35. Woche beginnt das Gehirn, die beiden Stimulationen unterschiedlich zu verarbeiten. Die Babys reagierten heftiger auf Schmerzen als auf eine Berührung. Vor der 35. Woche waren keine unterschiedlichen Reaktionen der Babys zu beobachten.

Wissenschaftler fingen erst sehr spät an, sich verstärkt mit der Wahrnehmung und den emotionalen Bedürfnissen von Säuglingen zu beschäftigen. Noch in den sechziger Jahren ging man davon aus, dass Säuglinge kaum etwas fühlen und wahrnehmen. Deshalb konzentrierte man sich damals nur um das physische Wohl des Kindes, wie Nahrung, Schlaf und viel frische Luft. Noch bis Anfang der siebziger Jahre glaubte man, dass Säuglinge keinen Schmerz empfinden und operierte sie noch ohne Narkose.

Heute weiß man, dass ein ungeborenes Baby bis zum Alter von vierundzwanzig Wochen keine Schmerzen spürt und auch kein Bewusstsein hat. Untersuchungen zeigen, dass die Nervenbahnen im Gehirn des Fötus, die für ein Schmerzempfinden nötig sind, noch nicht ausgebildet sind. Für Operationen im Mutterleib muss deshalb der Fötus keine eigene Narkose bekommen. Je jünger ein Baby ist, desto langsamer ist seine Reaktion auf Reizerfahrungen. Erst mit einem halben Jahr sind die Nervenenden im Rückenmark in der entsprechenden Hirnregion mit einer leitenden Substanz umgeben und erst mit einem Jahr vollständig ummantelt und werden dann auch schneller wahrgenommen.

Irrtum 42

Wenn ein Baby Muttermilch nur abgepumpt aus der Flasche bekommt, ist es kein vollgestilltes Baby!

Vollgestillt bedeutet nicht, dass das Baby die Muttermilch selbst aus der Brust saugen muss. Frühgeborene und Mangelgeborene haben oft nicht die Kraft zum Saugen. Werden sie ausschließlich mit abgepumpter Muttermilch ernährt, sind es ebenfalls vollgestillte Babys. Auch Mütter, die aus persönlichen Gründen nicht möchten, dass ihr Baby am Busen saugt, die Milch dafür aber abpumpen und ihr Baby mit der Flasche ihre abgepumpte Milch füttern, stillen ihr Baby voll. Auch bei extremen Flach- oder Hohlwarzen kann die Mutter die Milch abpumpen und damit ihr Neugeborenes vollstillen.

Wenn Sie Ihr Baby nicht an Ihrem Busen saugen lassen möchten, ist das Ihre ganz persönliche Entscheidung, die jeder respektieren sollte. Wollen Sie Ihrem Kind aber trotzdem Ihre wertvolle Muttermilch zukommen lassen, besonders das Kolostrum mit den einzigartigen Abwehrstoffen, die in keiner Formel-Säuglingsnahrung enthalten sind, müssen Sie Ihre Muttermilch abpumpen und sie Ihrem Baby mit der Flasche füttern. Wenn Sie mit Zuwendung, Blick- und Hautkontakt liebevoll Ihrem Baby die Flasche geben, ist der Unterschied zum Stillen an der Brust sehr gering. Sie müssen etwa alle zwei Stunden abpumpen und die Milch im Kühlschrank sammeln, damit sie immer genügend Milch für Ihr Baby haben und Ihr Milchfluss nicht versiegt. Auch in den Wachstumsphasen des Babys werden Sie durch regelmäßiges Abpumpen und bei ausreichender Flüssigkeitszufuhr genügend Milch produzieren. Ein solches Vorgehen fördert im Allgemeinen die Mutter-Kind-Beziehung besser, als wenn eine Mutter nur mit Widerwillen, Wut oder Ungeduld stillt.

Irrtum 43

Die erste Milch nach der Geburt, ob Frühgeburt, zum errechneten Geburtstermin oder bei einer verspäteten Geburt, ist immer gleich!

Die Natur hat es schon gut eingerichtet. Bei einer Frühgeburt ist der Eiweißgehalt der Muttermilch bis zu 20 Prozent höher als bei einem reifgeborenen Baby. Deshalb ist es besonders wichtig, dass die Mutter, wenn ihr Frühgeborenes nicht die Kraft hat an der Brust zu trinken, die Milch abpumpt und das Baby notfalls die Milch über eine Magensonde erhält. Jeder Tropfen ist kostbar und hilft dem Frühchen zu Kräften zu kommen.

Gerade Frühchen brauchen die eiweißreiche Muttermilch, deshalb gibt es in Deutschland auch wieder Frauenmilch-Sammelstellen. Zurzeit gibt es zehn Sammelstellen in Deutschland.

Im siebten Monat bekam die werdende Mutter eine Schwangerschaftsvergiftung, und die Kinder mussten per Kaiserschnitt geholt werden. Beide Kinder waren sehr klein und hatten ein Geburtsgewicht von unter zweitausend Gramm. Sie mussten für einige Wochen auf die Intensivstation und wurden per Sonde ernährt, weil sie keine Kraft hatten selber zu trinken. Nachdem sie erfahren hatte, dass gerade die Muttermilch für ihre Frühchen so wichtig ist, stand für die Mutter fest, sie wird stillen. Sehr mühsam, anfangs mit minimalem Erfolg, pumpte sie mehrmals täglich ab, und brachte so ihren Milchfluss in Gang. Die Mühe, den ganzen Tag nur mit Abpumpen und Fahrten in die Klinik zu verbringen, fiel ihr nicht allzu schwer, denn sie wusste, jeder Tropfen Muttermilch, der noch zusätzlich mit nährstoffreichem Stärkungsmittel angereichert wurde, war für ihre Babys lebensnotwendig. Als die Kinder über zweitausend Gramm wogen, durften sie nach Hause und wurden insgesamt vier Monate vollgestillt, teils direkt an der Brust, teils mit Muttermilch aus der Flasche.

Etwa zehn Prozent aller Kinder werden vor der 37. Schwangerschaftswoche als Frühchen geboren. Wenn Ihr Frühchen zu schwach ist, um die Milch direkt aus der Brust zu trinken, sollten Sie unbedingt versuchen, die Milch abzupumpen. Sicher ist es schwer, von Anfang an ohne das Saugen des Babys den Milchfluss in Gang zu bringen und kontinuierlich die Milchproduktion zu steigern. Pumpen Sie so oft ab, wie Sie können, und achten Sie dabei auf die Hygiene. Waschen Sie sich vor jedem Abpumpen und später vor jedem Stillen gründlich die Hände. Legen Sie vor dem Abpumpen einen heißen Waschlappen auf den Busen, das weitet die Milchgänge und erleichtert das Abpumpen. Ihrer Milchbildung hilft es besonders, wenn Sie so oft wie möglich mit Ihrem Baby zusammen sind.

Irrtum 44

Bei Fieber ist es egal, ob man dem Baby Paracetamol in Form von Zäpfchen oder als Saft gibt!

Saft wirkt nicht genauso wie Zäpfchen und enthält Farbstoffe, die im Säuglingsalter bedenklich sind und Allergien auslösen können. Paracetamol muss dem Alter und Körpergewicht entsprechend genau dosiert werden. Es gibt für Säuglinge Paracetamol-Zäpfchen in der Größenordnung 75 mg und 125 mg oder Nurofen-Zäpfchen ab 60 mg.

Paracetamol ist ein sehr wirksames fiebersenkendes und schmerzstillendes Arzneimittel und darf auch Babys gegeben werden. Aber es ist nicht harmlos, wie lange Zeit angenommen wurde, und muss gewissenhaft dosiert werden. Eine Studie der *Universität Essen* stellt fest, dass bei Einnahme von Paracetamol selbst bei niedriger Dosierung eine Vergiftungsgefahr möglich ist. Für Säuglinge besteht schon eine Gefahr ab 0,5 Gramm. Wichtig ist, dass auf jeden Fall mindestens sechs Stunden zwischen den einzelnen Gaben liegen. Paracetamol wirkt nicht sofort, sondern es dauert etwa eine Stunde, bis die fiebersenkende Wirkung eintritt.

Geben Sie Ihrem Baby bei fieberhaften Infekten und Schmerzen Paracetamol nur nach ärztlicher Rücksprache und nicht länger als ein bis zwei Tage. Bedenken Sie, dass auch Paracetamol von der Leber verarbeitet werden muss und es bei einer Überdosierung zu akutem Leberversagen kommen kann.

Irrtum 45

Flaschenkinder schlafen besser durch!

Jedes Kind ist von Geburt an eine Persönlichkeit: seine Bedürfnisse, was Hunger, Sättigung und auch Schlaf betrifft, sind individuell ausgeprägt. Durchschlafen ist nicht nur von der Sättigung abhängig, zumal diese von Baby zu Baby unterschiedlich ist. Nicht zuletzt ist ein geregelter Tagesablauf mit Ruhephasen ohne Reizüberflutung und ausreichendem Tagesschlaf wichtig, damit das Baby nicht überfordert wird und entspannt am Abend einschlafen kann. Kommt es am Tag nicht zur Ruhe, kann es auch nachts keinen ruhigen Schlaf finden.

Je älter der Säugling wird, desto weniger Schlaf braucht er am Tag und hat längere Schlafphasen in der Nacht. Aber dieser Reifungsprozess ist sehr unterschiedlich. Die Definition, was Durchschlafen heißt, variiert zwischen vier bis acht Stunden.

So wie die Muttermilch, ist auch die erste Flaschennahrung leichtverdaulich, da der Darm von Neugeborenen noch unreif ist. Neugeborene, die nicht gestillt werden, sondern gleich mit Formel-Säuglingsmilch ernährt werden, bekommen in punkto Eiweiß die leichtverdauliche Anfangsnahrung-Pre, mit langkettigen ungesättigten Fettsäuren, die wichtig für die Gehirnentwicklung des Babys sind. Eine prebiotische oder probiotische Pre-Nahrung hilft der Darmflora des Babys sich zu entwickeln. Ähnlich wie die Muttermilch enthält sie keine Stärke. Dadurch bewirkt sie nur eine kurzweilige Sättigung, wie es auch bei der Muttermilch der Fall ist. Wenn ein Säugling mit der Pre-Milch satt wird und gedeiht, kann er das ganze erste Lebensjahr damit ernährt werden, auch in Verbindung mit der Beikost ab dem fünften Monat. Es ist also aus ernährungspsychologischer Sicht kein Wechsel von Pre-Milch zu Stufe 1, 2, 3 oder Folgemilch erforderlich.

Irrtum 46

Wenn das Baby aus der Flasche trinken darf, wird es danach die Brust ablehnen!

Wenn die Milch, ob Muttermilch oder Säuglingsmilch (Formelmilch), mit einem Teesauger oder einem speziellen Muttermilchsauger gegeben wird, muss sich das Baby genauso wie an der Brust anstrengen und wird deshalb auch die Flasche nicht bevorzugen.

Mit einem Tee- oder speziellen Muttermilchsauger dauert eine Mahlzeit mindestens genauso lang wie beim Stillen, oftmals sogar länger, denn bei vielen Frauen fließt die Milch, kaum dass das Baby »angedockt« ist. Mit den speziellen Saugern muss sich das Baby beim Trinken aus der Flasche anstrengen und trainiert wie an der Brust seine Mund-, Zungen- und Kiefermuskel. Die Milch läuft eben nicht wie bei einem Milchsauger ohne kräftiges Saugen fast von alleine aus dem Sauger. Mit der Kombi-Methode aus Flasche und Brust können auch berufstätige Mütter ihr Baby viele Monate vollstillen. Tagsüber bekommt das Baby die abgepumpte Muttermilch aus der Flasche, morgens und abends sowie am Wochenende trinkt das Baby wieder die Muttermilch direkt aus der Brust.

Irrtum 47

Durch das Stillen bekommt das Baby die Bakterien von der Mutter übertragen. Deshalb darf ich auch den Schnuller ablecken!

Babys kommen zunächst ohne kariesverursachende Bakterien auf die Welt und diese werden auch nicht über die Muttermilch übertragen, sondern durch direkten Kontakt mit dem Speichel der Mutter oder anderer Personen, wenn diese z. B. das Baby auf den Mund küssen oder den Löffel ablecken.

Wenn es Ihnen gelingt, bis zum dritten Lebensjahr die Mundhöhle Ihres Kindes frei von Karieserregern zu halten, wird auch das Karies-Risiko bei den bleibenden Zähnen geringer.

Immer wieder sehe ich auf Spielplätzen Erwachsene, die eine Nuckelflasche, die in die Sandkiste gefallen ist, in den Mund nehmen, um sie so zu säubern. Auch den Löffel beim Füttern, statt am Tellerrand oder am Gläschen abzustreifen, schnell selbst abzulecken, kommt sehr häufig vor. Das ist kein böser Wille, nur sehr unbedacht, denn so werden Bakterien übertragen, insbesondere Karies, und das schon im frühen Säuglingsalter, bevor das Milchgebiss komplett ist. Zu einem bewussten Umgang in der Karies-Prophylaxe ist es sehr wichtig, diese Unsitte zu vermeiden.

Irrtum 48

Cremen schützt vor Schwangerschaftsstreifen!

Schwangerschaftsstreifen sind bei rund 90 Prozent der Frauen genetisch bedingte Dehnungsstreifen, die nicht nur am Bauch entstehen, sondern auch an Po, Beinen und Busen auftreten können. Cremen und viel einölen mit auch noch so teuren Cremes und Ölen hält die Haut zwar geschmeidig, aber verhindert Schwangerschaftsstreifen nicht. Nicht alle Frauen bekommen Schwangerschaftsstreifen, besonders betroffen sind sehr junge Frauen und Teenager. Während der Schwangerschaft überdehnt sich die Haut, vor allem wenn Frauen in der Schwangerschaft mehr zunehmen als nötig.

Ursache dieser Streifen ist ein schwaches Bindegewebe, ein bestimmter Hauttyp und genetische Veranlagung. Die Streifen verblassen aber mit der Zeit und durch gezielte sportliche Aktivität können Sie die Hautstellen nach der Schwangerschaft wieder straffen. Ganz verschwinden werden die Streifen aber nie. Trotzdem können Sie Teebaumöl oder Aloe Vera verwenden, um das Hautbild zu verbessern.

Irrtum 49

Die wichtigste Vorbereitung auf das Baby ist die Geburtsvorbereitung!

Wirklich vorbereiten auf die Geburt kann sich eine Frau, vor allem, wenn sie ihr erstes Kind erwartet, nicht. Jede Geburt verläuft anders, selbst wenn man schon ältere Kinder hat, weiß man nicht, was auf einen zukommt. Jede Frau verhält sich während der Geburt anders, auch vielleicht anders als sie selbst von sich erwartet hätte.

Vorbereitungskurse beantworten der werdenden Mutter und den werdenden Eltern viele Fragen, z. B. über die unterschiedlichsten Geburtsformen, über den Verlauf der Geburt und die Schmerzreduzierung. Wenn ein Vorbereitungskurs gut ist, kann er darüber hinaus den Schwangeren helfen, Ängste abzubauen und auch über Schamgefühle zu reden.

Mindestens genauso wichtig, vielleicht sogar noch wichtiger wie die Geburtsvorbereitung, ist die Vorbereitung auf die ersten Wochen nach der Geburt.

Eine neuere Studie des *Allensbacher Instituts* hat ergeben, dass jeder dritte Deutsche sich den Alltag mit einem Baby anders vorgestellt hat. Dazu mögen auch die vielen prominenten Vorbilder beitragen, die schon gleich nach der Geburt ihre Karriere erfolgreich weiterverfolgen und dabei auch noch strahlend und schlank aussehen. Dass das wahrscheinlich auf die Arbeit vieler Helfer – von Nannys bis zu Personaltrainern zurückzuführen ist, die der Normalfamilie nicht zu Verfügung stehen – bleibt weitgehend unbeachtet.

Tatsächlich wird das Leben junger Eltern auf den Kopf gestellt. Gerade in der ersten Zeit müssen sie sich ganz auf die Bedürfnisse ihres neugeborenen Babys einstellen. Vieles lässt sich aber schon lange vor der Geburt klären und organisieren, denn problematisch ist nicht immer unbedingt die Realität, sondern die falsche Erwartung. Wenn sich werdende Eltern schon vor der Geburt besprechen, z.B. welche Aufgaben wer künftig übernimmt, wie die jeweiligen Freizeiten und Hobbys organisiert werden können, von wem die Betreuung des Neugeborenen bei Wiedereinstieg in den Beruf übernommen und nicht zuletzt, wie Freiraum auch für die Partnerschaft geschaffen werden kann, dann ist der ersten anstrengenden Zeit mit den Baby viel Sprengstoff für Missstimmungen und Enttäuschungen genommen, und der ganzen Familie wird ein entspannter Start ermöglicht.

In Notsituationen können sich Mütter an das Netzwerk Wellcome wenden. Dort haben sich aus dem ganzen Bundesgebiet ehrenamtlich arbeitende Frauen zusammengeschlossen, die stundenweise die Mutter entlasten und z.B. mit dem Kind spazieren gehen oder mit den älteren Geschwistern spielen. Diese Frauen sind aber keine Fachkräfte und auch keine Haushaltshilfen: www.wellcome-online.de

Irrtum 50

Frauen, die mit einem Kaiserschnitt entbinden, können nicht stillen!

Stillen hat nichts mit der Geburtsform zu tun. Denn während der Schwangerschaft bereitet sich der Körper auf die Ernährung des Säuglings vor. Selbst wenn der Milcheinschuss bei einem Kaiserschnitt ein oder zwei Tage später einsetzt, können Sie Ihr Baby trotzdem vollstillen. Selbst Zwillinge können nach einem Kaiserschnitt voll gestillt werden.

Sogar bei einem Kaiserschnitt unter Vollnarkose, der im allgemeinen nicht länger als zwanzig Minuten dauert, kann die Mutter die ersten Stunden nach der Geburt mit ihrem Baby zusammen sein. Bei diesem ersten Hautkontakt werden Hormone ausgeschüttet und setzen damit die Milchbildung in Gang.

Nach einem Kaiserschnitt benötigen Sie am Anfang mehr Hilfe und Geduld beim Anlegen Ihres Babys, weil sie durch die frische Operationsnarbe in Ihrer Beweglichkeit stark eingeschränkt sind. Sie sollten verschiedene Stillpositionen ausprobieren und sehen, welche für Sie und Ihr Baby am bequemsten ist. Legen Sie Ihr Kind gerade zu Beginn sehr häufig an, auch wenn es Ihnen in den ersten Tagen durch den Wundschmerz schwerfällt. Lassen Sie sich helfen, und haben Sie viel Geduld. Ihre Ausdauer wird Sie belohnen, denn wenn die Milch erst einmal läuft, können Sie so lange stillen, wie es Ihnen und Ihrem Baby gefällt.

Irrtum 51

**Kalte Hände des Neugeborenen bedeuten,
dass das Kind friert!**

Kalte Hände geben keine Auskunft darüber, ob es dem Baby zu kalt ist. Die Wärmeregulation des Babys ist nämlich in den ersten Wochen noch recht instabil. Weil die Außenbezirke nicht so gut durchblutet werden, neigen die Babys zu kalten Händen und Füßen.

Ob Ihr Baby tatsächlich friert, können Sie prüfen, indem Sie den Nacken Ihres Babys fühlen. Ist dieser warm, friert Ihr Baby auch nicht.

Grundsätzlich lieben Babys Wärme und Begrenzung wie im Bauch ihrer Mutter. Es gibt sehr praktische Strampelanzüge, bei denen eine Art Fäustling schon am Ärmel befestigt ist. Besonders in den ersten Wochen ist das auch ein Schutz davor, dass sich das Baby nicht selbst zerkratzt. Meistens sind jedoch die Ärmel der Strampler oder Bodys sowieso zu groß und Sie können sie einfach über die Händchen ziehen. Wichtig ist, dass die Unterarme warm sind. Auch Wollsöckchen an den Füßchen sind hilfreich für die Wärmeregulation.

Ziehen Sie Ihr Baby andererseits nicht zu warm an, es darf nämlich nicht schwitzen. Körperwärme wird im Schweiß gebunden und strömt vom Körper weg. Deshalb führt eine feuchte Haut leicht (auch im Sommer) zu einer Unterkühlung, was wiederum eine Erkältung begünstigt. Zwar geht beim Säugling die Wärme über den Kopf verloren, aber bei normaler Zimmertemperatur braucht ein reifgeborener Säugling im Haus auch keine Mütze.

Säuglinge können ihre Körpertemperatur nicht regulieren. Schwitzen sie und kommt es zu einem Wärmestau, birgt dies besonders in Verbindung mit der Schlaflage auf dem Bauch auch das Risiko des plötzlichen Kindstods.

Irrtum 52

Zuckerhaltige Getränke machen Babys hyperaktiv!

Zuckerhaltige Getränke schaden den Zähnen und zählen auch nicht zu den Getränken, die Babys trinken sollten. Aber hyperaktiv machen sie Kinder nicht. Es gibt mittlerweile mehr als zwölf Studien, die diese These widerlegen.
Ursache für hyperaktive Kinder ist wohl ein Mangel des Botenstoffes Dopamin und eine dadurch gestörte Signalübertragung im Gehirn. Auch eine genetische Veranlagung spielt eine Rolle, aber auch äußere Umstände wie familiäre Probleme, mediale Reizüberflutung sowie mangelnde körperliche Aktivität. Auch Alkohol und Nikotin während der Schwangerschaft können für eine Hyperaktivität des Kindes verantwortlich sein. Einige Experten diskutieren auch über einen Mangel an Omega-3-Fettsäuren als Ursache. Symptome im Säuglingsalter sind langanhaltende Schreiphasen, motorische Unruhe, Ess- und Schlafstörungen, Misslaunigkeit sowie die Ablehnung von Körperkontakt.

Das Trinkverhalten wird in der frühen Kindheit angelegt und lässt sich später nur schwer wieder ändern. Zuckerhaltige Getränke sind ungesund, bremsen die Hirnentwicklung und führen zu übergewichtigen Kindern. Später besteht auch die große Gefahr, an Diabetes zu erkranken. Deshalb verzichten Sie am besten auf Säfte und gesüßte Tees. Geben Sie Ihrem Kind lieber Obst als Snack für zwischendurch und als Getränk Wasser oder ungesüßten Tee. Wenn Sie Ihrem Baby von Anfang an diese Getränke geben, wird es auch in Zukunft Wasser und ungesüßten Tee gern trinken.

Irrtum 53

Sex nach der Geburt ist erst wieder möglich, wenn der Wochenfluss versiegt ist!

Früher wurde empfohlen mit dem »ersten Mal« nach der Geburt so lange zu warten, bis der Wochenfluss versiegt ist, um eine Infektion zu vermeiden. Nach neueren Untersuchungen ist der Wochenfluss nicht so infektiös wie lange Zeit angenommen. »Sex im Wochenbett« ist eine ganz persönliche Entscheidung.

Wenn sich die junge Mutter fit fühlt, Lust hat und der Verkehr ihr keine Schmerzen bereitet, spricht nichts gegen die körperliche Liebe in den ersten sechs Wochen. Allerdings sollte man, bis der Wochenfluss abgeklungen ist, ein Kondom benutzen, um einer möglichen Infektion vorzubeugen. Der Wochenfluss ist ein Wundsekret und primär steril, wird aber auf dem Weg durch die Scheide (Vagina) mit Bakterien versetzt. Etwa zwei bis drei Wochen nach der Geburt lassen sich keine Bakterien mehr im Wochenfluss nachweisen.

Ein Dammschnitt allerdings muss erst wieder richtig verheilt sein, bis Frauen Sex ohne Schmerzen genießen können – und das kann Wochen dauern!

Irrtum 54

Babys haben Schluckauf, weil sie frieren!

Werdende Mütter merken meist ab dem fünften Schwangerschaftsmonat, wie ihre Bauchdecke auf- und abhüpft. Dann hat das Baby im Bauch Schluckauf. Da im Bauch die Temperatur immer gleich ist und das Baby dort bestimmt nicht friert, ist auch der Hickser nach der Geburt kein Zeichen dafür, dass dem Baby kalt ist.

Schluckauf ist ein harmloser Krampf des Zwerchfells und stört die Babys nicht. Beim Schluckauf zieht sich das Zwerchfell ruckartig zusammen. Der Reflex verschließt die Stimmritze im Kehlkopf, woraufhin ein Laut entweicht. Es wird vermutet, dass der Reflex die Atemmuskulatur trainiert und/oder die Ungeborenen und Säuglinge davor schützt, dass Flüssigkeit in die Luftröhre gelangt.

In den ersten Monaten nach der Geburt haben Säuglinge oft Schluckauf, meistens während oder nach der Mahlzeit. Ein Schluckauf des Babys gehört zum Reifungsprozess und ist eine natürliche Schutzfunktion. Der Hickser stört den Säugling überhaupt nicht und ist auch nicht schmerzhaft, selbst wenn das kleine Baby etwas durchgeschüttelt wird. Geben Sie Ihrem Baby etwas zu trinken oder pusten Sie es an, damit es schluckt und der Zwerchfellkrampf sich löst. Oder streicheln Sie mit einer Feder Stirn und Nase des Babys, um den Niesreflex auszulösen, dann geht der Schluckauf weg. Doch meist verschwindet der Hickser von alleine.

Irrtum 55

Babys, die am Tag wenig schlafen, schlafen nachts umso besser!

Das Gegenteil ist meist der Fall. Babys müssen am Tag ausreichend schlafen, um eine Übermüdung und die daraus entstehenden Einschlafprobleme abends zu vermeiden. Die Wachphasen entwickeln sich mit dem Alter und der Reife des Babys und sind von Baby zu Baby unterschiedlich.
Kleine Babys brauchen auch am Tag ausreichend viel Schlaf, um das Erlebte zu verarbeiten. In diesen Ruhephasen reift der Körper und das Gehirn heran, das Erlebte und Gelernte wird gespeichert und das fördert die geistige und körperliche Entwicklung.

»Mein erstes Kind hat immer geschlafen, wann und wie lange es wollte, und am Tag meistens nur kleine Nickerchen von zehn maximal zwanzig Minuten«, erzählte mir eine junge Mutter, die ihr zweites Kind erwartete. »Die längste Schlafphase war am Abend zwischen 18 und 23 Uhr. Anfangs fand ich das auch ganz praktisch, konnte ich doch mit meinem Mann gemütlich zu Abend essen. Wir hatten die Abende sehr verlässlich für uns, konnten Bekannte einladen oder ins Restaurant gehen. Freunde fanden das auch ganz erstaunlich, dass unser Kleiner mit drei Monaten schon so lange durchhält. Ich war ganz stolz, wie friedlich er schlief, wo immer wir auch waren. Doch nachts wachte er alle ein, zwei Stunden auf, nuckelte am Busen und schlief wieder ein. Ab drei Uhr in der Früh wurde er putzmunter. Die Nacht war dann für mich vorbei, denn er wollte nicht gleich trinken, sondern erst bespielt werden. Nun wird er zehn Monate und wacht immer noch zwischen drei und vier Uhr auf, nuckelt etwas Milch und schläft erst zwischen sieben und acht Uhr wieder ein. Gemeinsame Abendessen oder Ausgehen kennen wir seit Monaten nicht mehr. Mein Mann schläft im Gästezimmer, weil er ja morgens fit sein muss, und zu Einladungen geht er alleine, weil ich auf dem Zahnfleisch gehe. Bei meinem zweiten Kind möchte ich einen Tag- und Nachtrhythmus.«

Irrtum 56

Frauen, die ihr Kind per Kaiserschnitt bekommen, haben keinen Wochenfluss!

Jede Frau hat nach einer Geburt Wochenfluss-Blutungen. Durch den Wochenfluss scheidet der Körper restliches Blut, Schleim und Eihäute aus der Gebärmutter aus. Deshalb ist der Wochenfluss in den ersten Tagen stark blutend.

Die Ablösung der Plazenta hinterlässt auch bei einem Kaiserschnitt eine tiefe Wunde in der Gebärmutterwand, die etwa handtellergroß ist. Diese Wundfläche sondert bei der Heilung Wundsekret ab. Der Wochenfluss zeigt den Heilungsverlauf, der sich von Woche zu Woche entsprechend dem Heilungsprozess verändert und schließlich ganz versiegt. Der Verlauf des Wochenflusses ist bei einer Spontangeburt und bei einem Kaiserschnitt in etwa gleich. Manchmal ist er bei einem Kaiserschnitt durch die sogenannte Ausschabung schwächer. Dennoch dauert der Wochenfluss bei beiden Geburtsformen zwischen vier und sechs Wochen. Denn so lange dauert die Heilung der Wunde und die Rückbildung der Gebärmutter.

Auch kann es nach einem Kaiserschnitt zu einem Stau des Wochenflusses kommen, der dann deutlich weniger fließt oder ganz ausbleibt. Weitere Symptome sind Fieber und stark übelriechender Ausfluss. In diesem Fall sollten Sie sofort zum Arzt gehen. Häufig wird Oxytocin verabreicht, damit der Wochenfluss wieder richtig einsetzt.

Irrtum 57

Wie die Schwangerschaft, so das Kind!

Das ist kompletter Unsinn, wie ich während meiner langjährigen Erfahrung mit Mehrlingen festgestellt habe. War der eine Zwilling ausgeglichen und total entspannt, mochte Nähe und direkten Körperkontakt, war sein Zwillingsgeschwister dagegen unruhig, verkrampft und schrie bei jeder Kontaktaufnahme.

Beide Zwillingsbrüder wurden per Kaiserschnitt geholt, hatten auch in etwa das gleiche Gewicht und das gleiche Geschlecht. Doch der eine Zwilling brauchte viel länger um anzukommen, Orientierung zu finden und Nähe zuzulassen.
Beide wurden einem Osteophaten vorgestellt, der bei beiden keine Verschiebung des Atlas feststellte und sie auch sonst unauffällig befand. Seine Diagnose bei beiden Zwillingen lautete: nicht behandlungsbedürftig. Ich hatte aber den Eindruck, dass der Reifungsprozess des einen Jungen anfangs verzögert war und er dadurch einfach länger brauchte, um sich zu orientieren, sich wohl zu fühlen. Für die Mutter war es anfangs schwer zu verstehen, warum der eine Sohn so gar keine Nähe zuließ, der andere aber Körperkontakt liebte. Ich musste der Mutter immer wieder versichern, dass es nichts mit ihr persönlich zu tun hatte, sondern dass der eine Sohn einfach mehr Zeit brauche und wir ihn auch nicht gegen seinen Willen zwingen dürften, z. B. auf dem Bauch der Eltern zu liegen oder in einer Bauchtrage transportiert zu werden.
Im Laufe der ersten Monate entspannte sich der unruhige Zwilling, wurde sehr kuschelig und liebte die Nähe und den Körperkontakt. Er wurde von Woche zu Woche ausgeglichener und zufriedener.

Irrtum 58

Nur wenn ich in Gegenwart meines Babys rauche, gefährde ich das Kind!

Auch wenn die Zigarette nicht in unmittelbarer Nähe des Kindes oder im Freien, z. B. beim Spaziergang mit dem Kinderwagen oder auf dem Balkon, geraucht wird – selbst wenn die Zigarette schon ausgedrückt im Aschenbecher liegt – ist sie schädlich für die Gesundheit Ihres Babys. Denn nach dem Rauchen haften Schadstoffe an Mund, Händen und Kleidung. Diese Schadstoffe (das sogenannte Rauchen aus dritter Hand), können in die Haut von Babys eindringen und die Gesundheit der Säuglinge nachhaltig beeinträchtigen. Das Nervengift gelangt durch die Haut in tiefere Körperschichten und kann dort Nervenzellen verändern, so dass sie sich untereinander nicht richtig vernetzen können.

Wenn Sie auf das Rauchen nicht verzichten können, sollten Sie sich bewusst sein, dass auch Ihre Kleidung, Ihre Hände und Ihr Mund Überträger der Schadstoffe aus dem Zigarettenrauch sind. Deshalb sollten Sie sich nach dem Rauchen immer erst die Hände waschen und auch Ihr Baby nicht küssen, ohne dass Sie sich vorher den Mund ausgespült und die Lippen abgewaschen haben. Wenn Sie z.B. auf den Balkon zum Rauchen gehen, ziehen Sie sich ein extra Rauch-T-Shirt an, das Sie bevor Sie ins Haus zurückgehen wieder ausziehen. Dann können Sie auch ohne Bedenken mit Ihrem Kind kuscheln und schmusen. Rauchen Sie nie in Räumlichkeiten, in denen sich Ihr Baby, wenn auch nur zeitweise, aufhält.

Irrtum 59

Je später die Babys Beikost bekommen, desto geringer ist das Allergierisiko!

Das Gegenteil ist richtig: Je früher Sie mit der Beikost beginnen, desto besser ist es, am besten schon während das Kind noch gestillt wird.
Schon in der Embryonalzeit lernt das gesunde Abwehrsystem des Ungeborenen zwischen normaler Umgebung und Erregern zu unterscheiden und entwickelt eine Toleranz gegenüber den Stoffen, mit denen seine Mutter in Berührung kommt. Deshalb soll die Schwangere auch Allergieträger wie z. B. Nüsse essen.

Wissenschaftler raten heute, Babys mit Beginn des fünften Monats neben der Muttermilch Beikost zu geben, um das kindliche Immunsystem an neue Lebensmittel heranzuführen und das Allergierisiko zu senken. Besonders allergiegefährdete Babys sollten sich zwischen dem fünften und siebten Monat langsam an Brei gewöhnen. Getreide in kleinen Portionen gefüttert, kann eine Unverträglichkeit gegen das Klebereiweiß (Gluten) im Getreide (wahrscheinlich) vorbeugen. Ab dem ersten Lebensjahr sollte auch Kuhmilch und Fisch Schritt für Schritt auf dem Speiseplan stehen.

Bei der Entstehung von Allergien spielen die Erbanlagen in der Familie die größte Rolle, so dass es auch keinen hundertprozentigen Allergieschutz gibt. Grundsätzlich kann jedes Baby eine Allergie entwickeln, auch in Familien, in denen bisher noch keine Allergien vorkamen. Allergievorbeugung ist für jede Familie sinnvoll, Eltern fördern damit mit einfachen Maßnahmen die gesunde Entwicklung ihres Babys und senken nicht nur das Allergierisiko.

Irrtum 60

Babys müssen immer bespielt werden!

Auch junge Säuglinge brauchen Zeit, um sich selbst zu beschäftigen und müssen ihren angeborenen Bewegungsdrang frei ausleben können. Dies können sie nicht, wenn sie dauernd bespielt und abgelenkt werden. Auch fördert es nicht die natürliche Entwicklung ihrer Motorik, wenn sie ständig nur herumgetragen werden.

Wer nie etwas alleine machen darf, dem wird das Gefühl verwehrt, etwas selbst zu können. Wer immer bespielt und beschäftigt wird, lernt keine eigenen Ideen zu entwickeln. Das gilt auch schon für Babys. Sie brauchen Zeit, Raum und Muße, um durch ihre kindliche Neugier, ihre Neigungen und Anlagen die Welt um sich herum selbständig und mit eigener Motivation zu erschließen und Erfahrungen zu sammeln.

Deshalb sollte nicht jedes Vor-sich-hin-Brabbeln und jeder gelallte Laut mit einem Schnuller verhindert werden oder sofort ein Hochnehmen provozieren. Ältere Babys können sich sehr gut alleine und lange Zeit mit einfachen Dingen beschäftigen. Sie sind schon sehr kreativ und probieren gern Neues aus, z. B. rollen und robben sie gern durch die Wohnung. Babys, die viel krabbeln, bekommen ein besseres Gefühl für ihren Körper, auch für die Orientierung in Raum und Richtung. Sie sollten aber nie alleine sein, sondern immer die Nähe der Eltern oder der Betreuungsperson spüren. Wichtig ist für die Eltern, eine Balance zwischen sicherem Kontakt zu dem Baby und autonomer Beschäftigung des Kindes zu finden.

Irrtum 61

Nicht gestillte Babys, also Flaschenkinder, bekommen weniger Nähe, Geborgenheit und Liebe!

Stillen alleine sagt nichts über Mutterliebe aus. Babys, die mit Wut, Ungeduld und Widerwillen gestillt werden, spüren dies und fühlen weder Liebe noch Geborgenheit.

Gerade verheiratet und schon schwanger, erzählte mir eine werdende junge Mutter am Telefon, sie wollte eigentlich erst einmal viel reisen und gemeinsam mit ihrem Mann die Unabhängigkeit von ihrem Elternhaus genießen. Deshalb sei sie nicht besonders glücklich über die Schwangerschaft. Reisen könne sie auch mit einem Kind, gerade in den ersten Jahren vor der Schulpflicht, meinte ich zu ihr, und bot ihr meine Unterstützung dabei an.
Die Schwangerschaft verlief unproblematisch, aber die Geburt war schwer und dauerte viele Stunden. Dass die junge Frau ihr Baby stillte, wurde von ihr erwartet. »Ich muss stillen, weil es sehr viele Allergien in der Familie gibt. Mein Mann hat sogar eine ausgeprägte Neurodermitis am ganzen Körper«, meinte sie leicht gereizt und bei jedem Stillen fauchte sie ihre Tochter an: »Was hast du mir angetan, ich wollte dich doch gar nicht!« Mit der Zeit wurde die junge Frau immer wütender gegenüber dem Baby. Das Trinken an der Brust wurde auch für das Kind zu einer Tortur, die mit viel Ungeduld und Beschimpfungen seitens der Mutter einherging.
Es war nicht auszuhalten. Nach einigen Tagen sagte ich ihr, entweder sie höre mit diesen Beschimpfungen auf oder sie solle abpumpen, damit ich das Baby mit der Muttermilch in der Flasche füttern könne. Sie wollte aber nicht zeitaufwändig abpumpen und entschied, während des Stillens mit ihren Freundinnen zu telefonieren und sich so abzulenken. Das Baby wurde sechs Wochen gestillt, damit es die Immunglobulin erhielt, dann ging die Mutter alleine auf Reisen, und die Tochter blieb beim Vater.
Das Stillen hatte in diesem Fall zu keiner engen ersten Mutter-Kind-Beziehung geführt.

Irrtum 62

Der erste Schuh des Babys soll nur so groß sein wie sein Fuß, damit das Kind auch Halt hat!

Der Schuh muss etwa 1,5 cm größer sein als der Fuß des Babys. Der Fuß eines Babys befindet sich ständig im Wachstum und darf nicht eingeengt sein.

Die Füße von kleinen Kindern sind viel schmerzunempfindlicher als die von Erwachsenen. Daher spüren Kinder kaum, wenn die Schuhe zu eng sind. Eine häufige Ursache für eingewachsene Fußnägel bei Kindern ist das Tragen zu enger Schuhe. Durch den andauernden Druck werden Nagelränder gereizt, das schmerzhafte Gewebe kann sich entzünden, und Bakterien und Pilze können eindringen. Darüber hinaus kann es zu einer Deformation des Fußes kommen, denn die Knochen sind noch sehr weich und daher leicht verformbar.
Um die richtige Größe beim Schuhkauf herauszubekommen, hilft die Daumenprobe im Allgemeinen nicht, weil die Kinder dazu neigen, ihre Zehen einzuziehen. Am sichersten ist es, wenn Sie Umrisse der Kinderfüße auf eine Pappe zeichnen. Dabei sollten Sie am längsten Zeh zwölf Millimeter dazugeben. Wenn beim Anprobieren die ausgeschnittene Schablone in den Schuh hineinpasst, können Sie davon ausgehen, dass der Schuh richtig sitzt.

Irrtum 63

Es ist vollkommen egal, ob zum Füttern eine Glas- oder eine Plastikflasche verwendet wird!

Die Glasflasche ist – anders als die Plastikflasche – ein reines Naturprodukt und frei von Schadstoffen. Außerdem sind Plastikflaschen nicht so hygienisch wie Glasflaschen, die eine hohe Hitzebeständigkeit besitzen und sich leicht und rückstandsfrei reinigen lassen.

Glasflaschen eignen sich perfekt für den täglichen Gebrauch. Sie bleiben glasklar und sind geruchs- und geschmacksneutral. Nach dem sorgfältigen Reinigen wird die Milch nicht den Geschmack von vorher eingefüllten Tees oder Säften annehmen. Plastikflaschen dagegen sind sehr kratzanfällig. In diesen auf der Oberfläche befindlichen Miniritzen können sich Essensreste festsetzen. Außerdem können Plastikflaschen Stoffe abgeben und nehmen diese auch selbst auf.
Plastikflaschen sind leicht und unzerbrechlich, deshalb sind sie so beliebt. Gerade bei älteren Babys werden sie auch gerne zur permanenten Beruhigung eingesetzt. Dadurch wird die Flasche mit Säften und Milch häufig zum Dauernuckel. Babys sollten aber ihre Mahlzeiten, solange sie noch aus der Flasche trinken, nicht alleine, sondern lieber auf dem Schoß und in der Geborgenheit eines Elternteils trinken. Das Trinken sollte auch zeitlich begrenzt nur der Nahrungsaufnahme dienen und kein stundenlanges Nuckeln an der Flasche sein.

Irrtum 64

Die Intelligenz eines werdenden Menschen hängt nur von seinen Genen und seiner Förderung ab!

Englische Forscher haben in einer Langzeit-Studie mit 4000 Kindern festgestellt, dass die Intelligenz nicht allein mit Förderung und den Genen zu tun hat, sondern auch mit einer gesunden vitaminreichen, zucker- und fettarmen Ernährung in den ersten drei Jahren. Denn Zucker, Fett und Fast Food bremsen die Hirnentwicklung.

Nicht nur in der Schwangerschaft und in der Stillzeit ist eine gesunde Ernährung wichtig. Gerade beim ersten Kind ist es nicht schwer, die ersten Jahre ohne Fast Food auszukommen und das Kind gesund, d.h. vitamin- und eiweißreich sowie zucker- und fettarm, zu ernähren. Wenn Eltern selbst gesund und bewusst essen, wird auch ihr Kind in den ersten Jahren davon profitieren, weil die Umwelt, Kindergarten usw. noch keinen Einfluss haben.

Intelligenz zeichnet sich übrigens nicht allein durch einen hohen IQ aus, sondern auch durch die emotionale Intelligenz. Verstand und Gefühl sind keine Gegenspieler, was man lange Zeit annahm. Eine hohe emotionale Intelligenz bei der Betreuung eines Babys, die sich durch einen liebevollen, individuellen Umgang auszeichnet, in dem auf die Gefühle und Bedürfnisse des Babys reagiert wird und seine Stimmungen verstanden werden, sorgt auch beim Kind für die Entwicklung einer hohen emotionalen Intelligenz und eines stabilen Selbstwertgefühles.

Irrtum 65

Kleine Kinder, kleine Sorgen. Große Kinder, große Sorgen!

Große Kinder, kleine Sorgen! Zu diesem Ergebnis kommt eine Studie von Forschern des *Max-Planck-Instituts* für demographische Forschung in Rostock und der *Universität von Pennsylvania* in den USA. Sie analysierten die Daten von mehr als 200 Frauen und Männern aus 86 Ländern. Demnach empfinden die Eltern gerade die frühen Kinderjahre oft als sehr anstrengend. Je älter die Kinder waren, umso zufriedener sind die Mütter und Väter.

Manche Eltern erleben die erste Zeit mit dem Neugeborenen nicht nur als beglückend, sondern auch als sehr anstrengend. Doch auch wenn die erste Zeit mit den Kleinen sehr stressig ist, bringen Kinder viel Freude und Fröhlichkeit ins Leben. Sie wecken in uns besondere Emotionen, sie bezaubern und bescheren uns glückliche Momente der Nähe, die wir nie vergessen werden. Wir freuen uns über jedes Lächeln, jedes Glucksen, über jeden noch so kleinen Entwicklungsschritt. Selbst Väter, die im Beruf knallharte Verhandlungspartner sind, lassen sich von ihrem Nachwuchs verzaubern und zeigen sehr viel Gefühl. Kinder sind eine Bereicherung – nicht nur für ihre Eltern, sondern ihrer ganzen Umgebung bringen sie Fröhlichkeit und Lachen.

Irrtum 66

Babys müssen gleich nach der Geburt schreien!

Früher wurden Babys, die nach der Geburt nicht oder nur wenig schrien, ein kleiner Klaps gegeben, damit sie ordentlich Luft holen und zu atmen beginnen. Dieser Klaps gehört der Vergangenheit an. Heute weiß man, es braucht nicht zu schreien, damit sich seine Lunge entfaltet. Es reicht völlig aus, wenn ein Neugeborenes nach dem Geburtsvorgang nur ein bisschen seufzt und spontan atmet.

Der kleine Felix wog bei seiner Geburt gerade einmal 2180 Gramm und von einem Schrei war nichts zu hören. Er quiekte nur ein bisschen, bekam aber auch keine Atemunterstützung und schlief gleich wieder ein, berichtete mir seine Mutter. Als am nächsten Tag die frischgebackene Großmutter zu Besuch kam, erzählte sie der jungen Mutter, dass Kinder, die nach der Geburt nicht kräftig schrien, Probleme mit der Atmung und der Sauerstoffversorgung des Gehirns hätten. Da Felix ein sogenanntes Mangelgeborenes Kind war – er wurde zwar in der vierzigsten Schwangerschaftswoche zum errechneten Termin spontan geboren, war aber etwas klein und untergewichtig – machte sich die Mutter von Felix große Sorgen und hatte auch ein schlechtes Gewissen, nichts weiter unternommen zu haben. Ich erklärte der Mutter und Großmutter dann, es sei vollkommen ausreichend gewesen, dass Felix spontan ohne Sauerstoffzufuhr geatmet hatte. Er war auch rosig und sehr aktiv, deshalb müsse sich die Mutter wirklich keine Sorgen machen. Bei der Vorsorgeuntersuchung U3 attestierte der Kinderarzt sehr zur Erleichterung der Mutter, dass sich Felix bestens entwickele und rasch an Gewicht aufgeholt habe, keine Spur mehr von Mangelgeborenem. Schon mit drei Monaten war Felix ein sehr munteres Kerlchen und machte sich häufig lautstark bemerkbar – mehr als der Großmutter manchmal lieb war.

Irrtum 67

Kaiserschnitt ist gleich Kaiserschnitt!

Es gibt den »sanften Kaiserschnitt« nach Misgav-Ladach, auch Jerusalem-Methode genannt. Namensgeber ist die Stadt bzw. das Krankenhaus, in der die Technik entwickelt wurde. Der Einschnitt erfolgt an der Schamhaargrenze am Unterbauch der Schwangeren. Dabei öffnet der Operateur die Bauchdecke und die Gebärmutter mit einem Skalpell. Durch starke Dehnung mit den Händen reißt er vorsichtig und sanft die einzelnen Schichten bis zur Gebärmutter auf. Selbst die Gebärmutter wird nur mit einem kurzen Schnitt geöffnet und dann nur so weit gedehnt, dass das Baby herausgeholt werden kann. Es wird auch nur der Gebärmutterschnitt und die oberste Hautschicht genäht. Dadurch wird keine Drainage benötigt, wie bei einem normalen Kaiserschnitt. Beim herkömmlichen Kaiserschnitt durchschneidet der Arzt Haut, Fettgewebe und Muskeln und öffnet dann die Gebärmutter. Nachdem das Kind und auch die Plazenta herausgenommen wurden, verschließt der Arzt chirurgisch Gebärmutter und Bauchdecke wieder.

Beim Kaiserschnitt nach Misgav-Ladach wird weniger geschnitten, und die Frau verliert auch weniger Blut. Blutgefäße und Nervenbahnen werden geschont, die Operationszeit ist kürzer und weniger belastend für den Körper, was eine raschere Wundheilung und Erholung für die Mutter bedeutet. Bei einem normalen Kaiserschnitt kann es durch die Nähte häufiger zu Komplikationen kommen und die Wundheilung dauert länger.

Erkundigen Sie sich, ob in der Klinik, in der Sie entbinden möchten, diese Methode durchgeführt wird, auch wenn eine Spontangeburt geplant ist. Wie eine Geburt verläuft, weiß man nie, falls doch ein Notkaiserschnitt gemacht werden muss, sind Sie schon informiert, nach welcher Methode er durchgeführt wird.

Irrtum 68

Babys brauchen Schuhe, um laufen zu lernen!

Babys sollten viel barfuß laufen und erst Schuhe tragen, wenn sie schon laufen können. Schuhe dienen vorrangig dem Schutz der Füße, z. B. vor Stoßverletzungen, Nässe und vor Kälte bei Eis und Schnee.

Wenn die Füße schon früh in Schuhe gesteckt werden, kaum dass das Baby die ersten Gehversuche macht – häufig nur, weil es so niedlich aussieht –, führt dies zu einem Senkfuß. Der Fuß hat noch keine Stabilität, weil er keine Möglichkeit hatte, diese beim Barfußgehen auf unterschiedlichen Böden wie Sand, Holz, Teppich usw. zu erwerben.

Fast alle Neugeborenen haben bei ihrer Geburt gesunde Füße. Eltern sollten alles tun, damit das auch so bleibt. Die kleinen Füßchen, die aus 26 noch weichen Knochen, aus mehr als 30 Gelenken, etwa 50 Bändern und 30 Muskeln mit Sehnen bestehen, sind vielen Gefahren durch zu frühes Tragen von falschem Schuhwerk ausgesetzt. Damit diese komplizierten Körperteile funktionsfähig werden, müssen die Muskeln, Bänder und Sehnen trainiert werden. Die beste Übung für die Füße und die Motorik ist es, barfuß oder mit ABS-Socken zu laufen. Je mehr Ihr Kind ohne Schuhe läuft, desto gesünder und kräftiger wird der Fuß und seine Stabilität. Für Babys ist es wichtig, unterschiedliche Bodenbeschaffenheiten kennenzulernen, an die sich der Fuß permanent anpassen muss. Erst wenn die Kinder sicher und frei laufen können, sollten sie wenige Stunden am Tag außerhalb der Wohnung abrollbare Schuhe tragen, um die Füße vor Kälte und Verletzungen zu schützen.

In den ersten Lebensjahren verändern sich die Füße stark, mit etwa fünf Jahren sind sie so gut wie ausgereift.

Schuhe müssen auch nicht neu sein, sie müssen nur richtig passen und dürfen nicht schief- und krummgelaufen sein. Kinderfüße wachsen rasend schnell, in den ersten drei Lebensjahren im Durchschnitt etwa 1,5 Millimeter im Monat und verbrauchen deshalb oftmals mehrere Schuhgrößen in einem Jahr. Meistens haben Kinder mehr als nur ein paar Schuhe und tragen daher das einzelne Paar wenig, so dass viele Schuhe noch fast neuwertig sind, wenn sie schon nicht mehr passen. Diese Schuhe können bedenkenlos von anderen Kindern getragen werden.

Irrtum 69

Gestillte Babys werden nicht wund!

Gestillte Babys werden häufiger wund als Säuglinge, die Formelmilch trinken, wenn die Mutter nicht auf ihre Ernährung achtet, denn die Muttermilch enthält alles, was die stillende Mutter gegessen hat, z. B. Speisen mit Curry, Pfeffer oder Paprikapulver sowie säurehaltige Speisen, und die empfindliche Haut des Babys reagiert dann schnell mit einem roten wunden Po auf solche Lebensmittel.

Zum Reinigen im Windelbereich, besonders bei Neugeborenen und Babys mit sehr empfindlicher Haut, sollten Sie sich eine Thermoskanne, die Sie durch Knopfdruck öffnen können, mit gut warmem Wasser an die Wickelkommode stellen. Bei jedem Windeln sollten Sie etwas Wasser auf Wattepats oder auf weiches Toilettenpapier geben, um damit vorsichtig den Windelbereich zu säubern. Anschließend sollten Sie die strapazierte Haut, besonders die Hautfalten im Windelbereich, wieder gut trocknen – ggf. auch mit warmer aber nicht heißer Föhnluft –, bevor Sie den Windelbereich, besonders die Po-Falten mit einer schützenden Salbe, z. B. Ringelblumensalbe, eincremen. Den Föhn immer bewegen, nie nur einfach direkt auf den Po halten, Jungs vorsichtshalber auf den Bauch legen.

Irrtum 70

Stillende Mütter sind sanftmütiger!

Der Anblick einer stillenden Mutter mit ihrem Säugling an der Brust strahlt Ruhe und Frieden aus. Doch dieses Bild täuscht: In Verhaltensstudien haben Forscher von der *University of California* bei stillenden Frauen ein erhöhtes Aggressionspotential nachgewiesen. Stillende Mütter reagieren schneller wütender als andere Mütter, sie haben die sogenannte Laktationsaggression, auch mütterliche Schutzaggression genannt. Die Natur hat die stillenden Mütter mit mehr Mut und einer erhöhten Aggression ausgestattet, damit sie sich in der Stillphase zur sprichwörtlichen Löwenmutter entwickeln und ihr Baby schützen können.

»Als ich meine Frau kennenlernte war sie sanftmütig, von einer ausgesprochenen Herzlichkeit und einer Liebenswürdigkeit auch ihren Mitmenschen gegenüber, sie wurde nie laut, war immer entspannt und gelassen. Wir haben uns nie gestritten«, erzählte mir ein junger, unglücklicher Vater. »Erst jetzt seit der Geburt unseres Kindes, ist meine Frau ständig gereizt, richtig aggressiv. Nichts mache ich ihr recht. Und unser Kind darf ich auch kaum auf den Arm nehmen, geschweige denn wickeln oder mit ihm kuscheln. Es ist unser Wunschkind, aber sie benimmt sich als gehöre ihr das Baby alleine. Eigentlich wollten wir drei Kinder, aber wenn es so weitergeht ...«

»Nehmen Sie die Äußerungen und ihr derzeitiges Verhalten nicht persönlich, sie steht unter dem Hormoneinfluss durch Schwangerschaft und insbesondere durch das Stillen. Sie sorgt sich um das Wohl ihres Babys, es ist die vorübergehende sogenannte Laktationsaggressivität, das hat die Natur zum Schutz des Babys so eingerichtet«, versuchte ich den Vater zu trösten. Schwangerschaft und Geburt verändern jede Frau, das liege an den Hormonen, aber das gebe sich wieder, sobald der Körper auf »normal« umgeschaltet habe, auf nicht schwanger und stillen, spätestens nach dem Abstillen. Dann könne er ja länger im Büro bleiben, sagte er daraufhin zu mir, denn so würde es für ihn keinen Sinn machen, so früh wie möglich zu Hause zu sein. Ob Flucht die beste Entscheidung ist? Ich hätte mir von ihm etwas mehr Verständnis für seine Frau gewünscht, aber jedes Paar muss selbst sehen, wie es sich am besten arrangiert.

Irrtum 71

Schwangerschaftsdiabetes verschwindet mit der Geburt wieder!

Nicht immer verschwindet der sogenannte Gestaktionsdiabetes, auch Diabetes Typ 4 genannt, wieder nach der Geburt. In etwa fünf bis zehn Prozent aller Fälle bleibt er weiterhin bestehen.

Während der Schwangerschaft verändern die Hormone den Stoffwechsel. Der Insulinbedarf erhöht sich und die Bauchspeicheldrüse schafft es nicht, für diesen erhöhten Bedarf mehr Insulin zu produzieren. Daher kommt es zur Schwangerschaftsdiabetes. Etwa fünf bis zehn Prozent aller schwangeren Frauen entwickeln im Laufe ihrer Schwangerschaft eine Gestaktionsdiabetes. Meistens bleibt diese zunächst unentdeckt. Festgestellt wird sie oft erst dann, wenn bei einer Vorsorgeuntersuchung des Kindes ein übermäßiges Wachstum sichtbar wird.

Wenn Sie über 35 Jahre alt sind, in der Familie Diabetes Typ 2 vorkommt, Sie an Bluthochdruck oder Übergewicht leiden, sind Sie besonders gefährdet. Auch wenn bei einer vorangegangenen Schwangerschaft eine Gestaktionsdiabetes festgestellt wurde oder ein Kind bei einer früheren Geburt auf über vier Kilo Geburtsgewicht kam, sollten Sie schon früh mit Ihrem Arzt regelmäßige Vorsorge betreiben, weil die Schwangeren meistens keine Beschwerden haben und für die Mutter das Risiko besteht, an Bluthochdruck und Präeklampsie zu erkranken.

Sie können sich in der Apotheke auch Teststreifen besorgen und selbst kontrollieren, ob Sie Zucker im Urin haben. Noch besser ist ein oraler Glucose-Toleranztest, den Sie zwischen der 24. und 28. Schwangerschaftswoche bei Ihrem Arzt durchführen lassen können. Dieser Test auf Schwangerschaftsdiabetes ist als allgemeine Kassenleistung der gesetzlichen Krankenkassen anerkannt.

Im Falle einer festgestellten Schwangerschaftsdiabetes genügt zur Regulierung in den meisten Fällen eine Umstellung der Ernährung.

Irrtum 72

Ein fester Rhythmus bedeutet Liebesentzug!

Einen Rhythmus zu erarbeiten, bedeutet viel liebevolle Zuwendung, Aufmerksamkeit, Nähe, Geduld und Gelassenheit aufzubringen und so auf die Bedürfnisse des Babys einzugehen. Es reicht nicht, das Baby nur mit Essen zu versorgen und es ständig herumzutragen. Sondern es geht darum, sich aktiv mit dem Baby zu beschäftigen, mit ihm zu sprechen, zu singen und zu spielen und somit seine körperliche und geistige Entwicklung zu unterstützen. Strukturen und Rituale im Alltag sind für das Neugeborene wichtig, damit es verlässliche Reaktionen erfährt und daraus Sicherheit und Vertrauen gewinnt. Dazu gehören beispielsweise tägliche Ausfahrten mit dem Kinderwagen. Diese helfen auf einfache Weise, eine Struktur des Tages zu erarbeiten. Monotone Tagesabläufe, möglichst in einer gleichbleibenden Umgebung, geben dem Baby Orientierung, Sicherheit und Halt. Das Baby weiß, was auf es zukommt und wird nicht mit immer neuen Eindrücken überfordert.

Häufig wird Müttern, die einen Rhythmus für Ihr Baby wünschen, mangelnde Liebe und Egoismus vorgeworfen. Sie würden ihr Baby überfordern und nicht auf seine Bedürfnisse eingehen. Leider wird heute immer noch Rhythmus mit Schreienlassen gleichgesetzt, was völlig falsch ist, das Gegenteil ist der Fall. Denn das Baby schnell anlegen oder bei jedem Mucks die Flasche geben ist der bequemere Weg. Lassen Sie sich nicht verunsichern oder sich ein schlechtes Gewissen einreden, auch wenn Sie schnell wieder in den Beruf zurück müssen oder wollen. Machen Sie sich immer bewusst, wie wichtig Strukturen im Alltag sind und dass Sie Ihrem Baby helfen entspannt, ausgeglichen und zufrieden den Tag mit seiner Familie genießen zu können. Das ist auch für Geschwisterkinder wichtig, die ja nicht vernachlässigt werden dürfen und Zeit und Zuwendung brauchen.

Irrtum 73

Prosecco und Sekt erhöht die Milchbildung!

Eine Studie kam zu dem Ergebnis, dass mit Sekt, Prosecco oder alkoholischem Bier zwar kurzfristig die Milchbildung angeregt wird, regelmäßiger Alkohol-Genuss in der Stillzeit aber langfristig die Hormone Oxytocin und Prolaktin, die für die Milchbildung zuständig sind, negativ beeinflusst. Der Milchfluss verringert sich.

Martin war das langersehnte Kind einer Mutter Anfang dreißig. Die werdende Mutter erzählte mir bei unserer ersten Begegnung, dass sie sich seit fast fünf Jahren ein Kind gewünscht und alles getan habe, z. B. Heilfasten, Verzicht auf Alkohol usw., um endlich schwanger zu werden. Das Stillen klappte prima, doch nach zwei Wochen teilte mir die junge Mutter mit, dass sie auf keinen Fall länger als die sogenannte Wochenbettphase stillen werde. Sie habe jahrelang auf so viel verzichtet, in vier Wochen wolle sie wieder ausgehen und feiern, dann gehöre ihr Körper wieder ihr! Feiern bedeutete für sie auch, Alkohol trinken zu können.

Ich verstand ihr Anliegen, wollte aber auch nicht, dass das Kind auf die Muttermilch verzichten musste. So einigten wir uns darauf, einen Vorrat an Muttermilch anzulegen und diesen auch immer wieder aufzufüllen. Wenn sie abends Alkohol getrunken hatte, was hin und wieder am Wochenende der Fall war, musste sie ihre Milch stets abpumpen und diese weggießen. Durch diese Vorgehensweise stillte die Mutter über sechs Monate lang ohne Probleme ihr Kind und ohne Alkohol in der Muttermilch!

Alkoholgenuss kann über die Muttermilch Ihr Baby schädigen. Etwa eine Stunde nach dem Genuss von Alkohol ist dieselbe Alkoholkonzentration in der Muttermilch wie auch im Blut der Mutter. Falls Sie dennoch mal ein Gläschen Sekt trinken wollen, sollten Sie mindestens eine dreistündige Pause bis zum nächsten Stillen einhalten.

Irrtum 74

Säuglingsmilch / Formelmilch ist heute genauso gut wie Muttermilch!

Man kann Säuglingsmilch nicht mit Muttermilch gleichsetzen. Die Muttermilch ist einzigartig, denn die wichtigen Immunglobuline sind nur in der Muttermilch enthalten. Muttermilch ist die von der Natur vorgesehene und perfekte Nahrung, ganz auf die Bedürfnisse des Säuglings in den ersten Monaten angepasst.

Die Muttermilch stellt für den Säugling einen unersetzlichen Wert dar. Sie schützt das Baby vor möglichen Krankheiten und stärkt seine Immunabwehr. Muttermilch ist ganz ohne Zweifel die beste Nahrung für das Neugeborene. Ein Baby, das gestillt wird, erhält mit der Muttermilch nicht nur Nahrung, die sofort fütterungsbereit ist, sondern auch die in der Muttermilch immunsteigernden Inhaltsstoffe. Darüber hinaus ist Muttermilch hygienisch einwandfrei und hat vorbeugende und heilende Wirkung bei Darmerkrankungen. Muttermilch vermindert auch das Risiko des plötzlichen Kindstodes und für infektiöse Atemwegserkrankungen. Gestillte Kinder entwickeln auch deutlich seltener Übergewicht und haben später eine bessere kognitive Leistungsfähigkeit. Nach neusten Untersuchungen ist Muttermilch auch für die Gelenkentwicklung wichtig. Keine Formel-Säuglingsmilch, auch nicht die Pre-Säuglingsmilch, die der Muttermilch ähnlich ist, ist in ihrer Zusammensetzung gleichwertig oder besser. Besonders die industriell gefertigte HA (hypoallergene Säuglingsmilch), die Säuglinge wirklich etwas vor Neurodermitis und Nahrungsmittelallergien schützt, enthält häufig einen zu hohen Gehalt an 3-MCPD-Fettsäure-Ester.

Irrtum 75

Keuchhusten ist eine Kinderkrankheit!

Keuchhusten hinterlässt keine lebenslange Immunität. Die Immunität hält unterschiedlich lang zwischen zehn bis zwanzig Jahre an. Deshalb können auch Erwachsene Keuchhusten bekommen und sind dann auch Überträger dieser Krankheit. Daher ist es wichtig, sich als Erwachsener regelmäßig impfen zu lassen.

Keuchhusten ist eine bakterielle Infektion. Gerade in den ersten Monaten ist Keuchhusten für das Baby lebensbedrohlich. Denn Neugeborene besitzen gegen diese bakterielle Infektion keinen Nestschutz. Eine nicht erkannte Infektion kann Ursache für den plötzlichen Kindstod sein. Mit Beginn des dritten Monats können Sie Ihr Baby impfen lassen.

Die Mehrzahl der Babys steckt sich bei Erwachsenen an, die unwissend Keuchhusten haben. Deshalb ist der beste Schutz für Babys, wenn alle, die mit ihnen in Kontakt kommen, einen Impfschutz haben. Aber ein solcher Impfschutz, wie auch die Erkrankung in Kindertagen, schützt nicht ein Leben lang. Deshalb sollten sich Erwachsene nach der STIKO (ständige Impfkommission) regelmäßig impfen lassen.

Irrtum 76

Babys dürfen im Winter bei Kälte nicht nach draußen!

Auch bei Frost dürfen Babys an die frische Luft, nur bei Minusgraden (ab minus vier Grad) und bei Nebel sollten Sie keine Wanderungen mit Babys unternehmen. Dann sollten Neugeborene sich besser im Warmen aufhalten.

Grundsätzlich können und sollen Neugeborene auch im Winter täglich an die frische Luft. Bei Minusgraden sollten allerdings nur kurze Ausflüge in der wärmeren Mittagszeit stattfinden. Wichtig ist, dass das Baby mit Kleidung aus natürlichen und atmungsaktiven Materialien warm angezogen wird. Vor allem mit einer engangliegenden Mütze, denn die dünne Haut an den Ohren ohne Muskelgewebe kühlt schnell aus, und es könnte zu Erfrierungen kommen. Auch verhindert das Schützen der Ohren die Infektionsgefahr. Die Schleimhäute bleiben gut durchblutet und können sich besser gegen Erreger einer Mittelohrentzündung wehren. Ohne Mütze würde auch zu viel Wärme über den Kopf verlorengehen. Die Händchen des Babys sollten mit Fäustlingen geschützt sein, das Baby selbst gut zugedeckt im Kinderwagen liegen oder dick angezogen in der Brusttrage.
Besonders wichtig ist, dass das Baby an den nicht bedeckten Körperteilen wie Gesicht und Lippen mit einer wasserfreien und fettreichen Wind-Wettercreme eingecremt ist – bei Schnee mit UV-Schutz. Die Sonne wird im Winter oft unterschätzt, Eis und Schnee reflektieren besonders intensiv. Auch die Sonnenbrille darf nicht vergessen werden.
Wenn möglich vermeiden Sie, dass Ihr Baby draußen schreit oder weint, weil es dann die kalte Luft durch den Mund einatmet und nicht durch die Nase. In der Nase wird die Luft leicht angewärmt, was bei der Atmung durch den Mund nicht der Fall ist. Das könnte leicht zu einer Bronchitis führen. Im Kinderwagen können Sie ein kleines warmes Kirschkernkissen seitlich ans Kopfende legen. Das Kissen wärmt bei geschlossenem Verdeck die Luft, die Ihr Baby einatmet, leicht an.

Irrtum 77

Gestillte Babys müssen mindestens einmal täglich Stuhl haben!

Gestillte Babys können, müssen aber nicht täglich oder gar mehrmals täglich Stuhlgang haben.

Es ist ganz normal, wenn Ihr Baby nur alle drei bis fünf Tage oder auch nur einmal in der Woche einen weichen Stuhl hat. Solange der Bauch weich ist und das Kind gut gedeiht, ist das der Beweis, dass die Milch gut verdaut wird.

Um auf einfache und natürliche Weise Ihrem Baby zu helfen, seinen Darm zu entleeren, empfehle ich Ihnen Folgendes: Heben Sie den Po leicht an und bespritzen Sie den After mit Hilfe einer Birnenspritze aus der Apotheke direkt mit lauwarmem Wasser. Mehrmals wiederholt, regt das die Darmtätigkeit an. Aber Vorsicht, dadurch kann sich der Darm manchmal sehr schnell entleeren.

Diese Methode wird äußerlich angewandt und kann zu keinen Verletzungen führen. Leider versuchen Eltern immer wieder, mit Wattestäbchen oder einem Fieberthermometer den Darm zu reizen. Dies birgt jedoch die Gefahr einer Verletzung des Darms.

Irrtum 78

Hepatitis B wird nur über Geschlechtsverkehr übertragen!

Nein, nicht nur über Geschlechtsverkehr, sondern auch durch direkten Blutkontakt, zum Beispiel schon über einen kleinen Riss oder über Schürfwunden, sogenannten Bagatellverletzungen, kann Hepatitis B übertragen werden, beim Erwachsenen wie auch beim Baby.

Das Hepatitis-B-Virus ist nicht nur in Blut, Speichel, Samenflüssigkeit und Vaginalsekret vorhanden, sondern auch in der Muttermilch nachweisbar. In kleinsten Mengen befinden sich hohe Viruskonzentrationen.

Es genügen mikroskopisch kleine Hautverletzungen und der Erreger gelangt in die Blutbahn. Spielende Kleinkinder, aber auch ältere Babys beißen und kratzen sich öfter, wenn sie um ein Spielzeug rangeln. Nicht selten beißen sie auch mal einen Erwachsenen aus Übermut. Die ständige Impfkommission (STIKO) empfiehlt Hepatitis B so früh wie möglich zu impfen, denn bei Säuglingen und Kleinkindern verläuft diese Entzündung zu neunzig Prozent chronisch.

Unter Kinderärzten geht die Meinung über eine Schutzimpfung gegen Hepatitis stark auseinander. Die einen sind absolut für eine Impfung im Baby-Alter, andere wollen diese erst im geschlechtsreifen Alter durchführen. Da es seit 1982 keinerlei Impfpflicht mehr gibt, besitzen allein die Eltern die Entscheidungsgewalt.

Wenn Sie unsicher sind, holen Sie sich mehrere Meinungen ein. Wichtig ist es, dass Sie Ihre persönliche Lebensweise, z. B. Reisen ins Ausland, Fremdbetreuung Ihres Babys, bei ihrer Entscheidung mit einfließen lassen.

Irrtum 79

Babys, die statt Kuhmilch Ziegen-, Stuten- oder Sojamilch bekommen, sind vor Allergien besser geschützt!

Das Eiweiß von Ziegen-, Stuten- oder Sojamilch ist dem Kuhmilcheiweiß sehr ähnlich und kann ebenfalls Allergien auslösen.

Ziegen- und Stutenmilch können Allergien auslösen und sind außerdem für Babys ungeeignet, da ihre Nährstoffe für Neugeborene nicht ausreichend sind.

Ist eine Kuhmilch-Allergie in der Familie bekannt, und Sie benötigen für Ihr Baby einen Muttermilchersatz – sei es für eine Zwiemilchernährung oder weil Sie abstillen möchten – sollten Sie Ihrem Kind nach Rücksprache mit Ihrem Kinderarzt HA-(Hyperallergene) Säuglingsmilch geben. Auch kann Sie Ihr Kinderarzt anhand der Anamnese bei der Auswahl, welche HA-Nahrung für Ihr Kind die Beste ist, beraten. In HA-Nahrung ist das Milcheiweiß durch ein spezielles Verfahren so klein aufgespalten, dass das Immunsystem des Babys es nicht als »fremd« ansieht. Bei einer echten Kuhmilchallergie muss eine spezielle hypoallergene Säuglingsmilch auf der Basis von stark hydrolysiertem Protein gegeben werden. Sprechen Sie mit Ihrem Kinderarzt welche für Ihr Kind die richtige ist.

Irrtum 80

Allergievorbeugung brauchen nur allergiegefährdete Babys, in deren Familie Allergien bekannt sind!

Grundsätzlich kann jedes Baby eine Allergie entwickeln, auch aus bisher allergiefreien Familien.

Einen hundertprozentigen Schutz vor Allergien gibt es nicht. Jedes siebte Baby entwickelt im Laufe seines Lebens – auch in bislang allergiefreien Familien – eine Allergie. Bei der Entstehung spielen Erbanlagen eine große Rolle. Deshalb sind vorbeugende Maßnahmen, wie z.B. in den ersten Monaten das Baby voll zu stillen oder von Geburt an eine Ernährung mit Hyperallergener Säuglingsmilch durchzuführen – sinnvoll. Das senkt das Allergierisiko und Babys entwickeln seltener Allergien. Auch eine rauchfreie Umgebung ist zur Allergie-Vorbeugung wichtig, verbessert die Startbedingungen und fördert eine gesunde Entwicklung Ihres Babys.

Irrtum 81

Frühgeborene Babys sind ein Leben lang anfällig!

Frühgeborene sind zwar als Säuglinge und eventuell noch als Kleinkind anfälliger für Krankheiten, aber schon im Kindergartenalter stimmt das nicht mehr. Nur wenn wegen der frühen Geburt ein oder mehrere Organe nicht in Ordnung sind, wirkt sich das auf das spätere Leben aus.

In Deutschland werden jährlich etwa 60 000 Kinder zu früh geboren, also eins von zehn Neugeborenen. Frühchen brauchen besondere Aufmerksamkeit, damit sie sich auch langfristig gesundheitlich gut entwickeln können. Dabei müssen die Eltern von Anfang an aktiv mit einbezogen werden. Frühchen brauchen viel liebevolle Zuwendung, Zeit, Geduld und Aufmerksamkeit. Spielerische Förderung und Motivation gerade durch die Geschwister, weil Kinder von Kindern lernen, ist für Frühchen sehr wichtig. Die meisten Frühgeborenen holen ihre Unreife bei der Geburt im Laufe des ersten Lebensjahrs auf.

Das Frühgeborene sollte auf jeden Fall wenn irgend möglich gestillt werden oder abgepumpte Muttermilch bekommen. Jeder Tropfen Muttermilch ist kostbar, denn die Muttermilch enthält bei zu früher Geburt mehr Eiweiß als sonst, was ein Frühchen für seine Entwicklung auch dringend braucht.

Die ständige Impfkommission (STIKO) empfiehlt Frühchen frühzeitig zu impfen, da gerade sie in erhöhtem Maße durch Infektionskrankheiten gefährdet sind und bei ihnen die Krankheiten schwerer verlaufen. Sie besitzen größtenteils noch keinen ausreichenden Nestschutz, denn erst ab der 32. Woche werden die Antikörper aktiv von der Mutter auf das ungeborene Kind übertragen.

Alle, die mit Frühchen in Kontakt kommen, sollten sich gegen Keuchhusten und Grippe impfen lassen.

Informationen z. B. www.fruehcheneltern.de oder www.fruehchen-netz.de

Irrtum 82

Wenn sich das Baby zu lange draußen im Kalten aufhält, holt es sich eine Erkältung!

Die Kälte selbst führt nicht zu Erkältungen. Nur wenn das Baby friert, weil es vielleicht zu dünn angezogen ist, kann die Immunabwehr geschwächt werden und mögliche Viren haben ein leichteres Spiel.

Die Virengefahr lauert nicht nur an der frischen Luft. Im Gegenteil: Wenn es kalt ist, halten sich mehr Menschen in Räumen auf und das bedeutet auch eine größere Gefahr, sich dort mit Viren anzustecken. Die Viren werden z. B. durch Anhusten oder Niesen und vor allem über den Nasenschleim übertragen.
Der Nestschutz schützt das Baby nicht vor Virusinfektionen. Achten Sie deshalb gerade im Winter auf häufiges Händewaschen, überall lauern an Türgriffen, Lichtschaltern oder am Griff des Einkaufswagens Viren und Bakterien. Einige Supermärkte stellen deshalb am Eingang Desinfektionsmittel kostenlos für ihre Kunden zur Verfügung.
Apropos Supermarkt: Wenn Sie mit Ihrem Baby im Winter dick eingepackt im Kinderwagen oder in der Bauchtrage einkaufen gehen, ziehen Sie Ihr Baby so an, dass Sie im Geschäft leicht die Mütze abnehmen und seine Jacke öffnen können. Wenn sich Ihr Baby einige Zeit lang dick eingepackt in den gut beheizten Geschäften aufhält, schwitzt es sehr leicht. Kommt es dann wieder ins Freie, beginnt es durch die Feuchtigkeit des Schweißes, der die Körperwärme bindet und vom Körper wegströmt, zu frieren und kann sich dann tatsächlich schnell erkälten.

Irrtum 83

Ein starkes Selbstbewusstsein wird durch viel Lob bewirkt!

Nicht viel Lob ist ausschlaggebend, sondern wie gelobt wird. Untersuchungen haben außerdem gezeigt, dass mindestens fünfzig Prozent der Persönlichkeitsmerkmale, die mit dem Selbstwertgefühl zusammenhängen, genetisch bedingt sind.

In den ersten fünf Lebensjahren haben die Eltern noch besonders viel Einfluss auf die Entwicklung ihrer Kinder. Durch positive Motivation und Lob wird das Selbstwertgefühl gestärkt und die Kinder wachsen zu kompetenten und selbstbewussten Persönlichkeiten heran. Doch unverhältnismäßiges und übertriebenes Lob kann ähnlich wie Missachtung oder ständige Kritik negative Auswirkungen haben.

Wenn Eltern bei jeder Kleinigkeit in Lobeshymnen ausbrechen, auch dann, wenn es sich um ganz normale Altersentwicklungsschritte handelt, kann das bei den Kindern zur Selbstüberschätzung und einer sehr geringen Frustrationstoleranz führen. Sie lernen nicht, mit Kritik und Rückschlägen umzugehen. Außerdem werden sie abhängig vom Lob der anderen und lernen nicht Dinge, um ihrer selbst willen zu tun. Weil sie ihre Leistungen häufig überschätzen, reagieren solche Kinder später in Kindergarten und Schule oft aggressiv und geben sehr schnell auf.

Loben Sie, aber loben Sie bewusst, und zwar immer dann, wenn das Kind eine auch für es selbst nachvollziehbar schwierige Sache gemeistert hat. Der Stolz, den das Kind in dieser Situation empfindet, ist der Antriebsmotor, auch komplizierte und anstrengende Aufgaben zu lösen.

Irrtum 84

Alle Babys haben blaue Augen bei ihrer Geburt!

Nicht alle Babys kommen mit blauen Augen auf die Welt. Asiatische und afroamerikanische Babys haben bei Geburt braune Augen.

Die Augenfarbe bestimmt der Farbstoff Melanin, er ist verantwortlich für die Pigmente in der Iris. Bei Geburt haben Babys nur ganz wenige Pigmente. Bestimmte Lichtbrechungen sind der Grund, dass die Augen dann blau schimmern. Je mehr Pigmente gebildet werden, je dunkler können die Augen werden. Die Anzahl der Pigmentzellen ist genetisch vorgegeben. Die Pigmentierung ist mit ca. zwölf Monaten abgeschlossen. Im ersten Lebensjahr kann sich deshalb die Augenfarbe verändern.

Die Pigmentierung bildet auch Schutz vor UV-Strahlen und Licht für die Augen. Menschen mit blauen Augen sind meistens lichtempfindlicher als Menschen mit braunen Augen und haben fast immer auch eine hellere Haut. Sonnenbrille und ein ausreichender Sonnenschutz sind gerade hier Pflicht!

Irrtum 85

Neugeborene und kleine Babys können noch nicht weinen!

Neugeborene weinen, aber tränenlos, weil frühestens zwischen der vierten und sechsten Lebenswoche die Nervenbahnen richtig funktionieren und die Tränendrüsen anfangen zu arbeiten. Ob Ihr Baby weint oder schreit, diesen Unterschied hört die Mutter auch ohne Tränen sehr schnell heraus.

Weint oder schreit Ihr Baby, müssen Sie immer darauf reagieren, egal ob mit oder ohne Tränen. Eigentlich ist das Schreien des Babys ein Rufen, denn nur dadurch kann es sich bemerkbar machen, sich mitteilen. Eltern hören sehr schnell, ob ihr Kind aus Langeweile, Hunger oder Müdigkeit schreit, oder ob es weint, weil es Schmerzen hat. Wichtig ist, dass die Bedürfnisse, die das Baby durch sein Schreien kundtut, mit Hilfe beim Einschlafen, mit Stillen des Hungers oder mit Trösten und besonderer Aufmerksamkeit befriedigt werden.

Irrtum 86

Sex in der Schwangerschaft führt zu einer Fehlgeburt!

Bei einer gesunden Schwangerschaft besteht aus medizinischer Sicht keine Gefahr, dass Geschlechtsverkehr eine Fehlgeburt auslöst. Nur wenn die Frau schon Fehl- oder Frühgeburten hatte, kann Sex im ersten und letzten Schwangerschaftsdrittel ein Risiko sein.

Gerade Paare, die lange auf eine Schwangerschaft warten mussten, trauen sich nicht oder fühlen sich beim Sex unwohl. »Wir wünschten uns schon jahrelang ein Kind und haben auch alles dafür getan, bis hin zur Wunschkindklinik«, erzählte mir eine junge Frau. »Die Freude war wirklich groß, als ich endlich schwanger war, aber von dem Tag an wurde unsere Beziehung eine andere.« Ihr Mann zog ins Gästezimmer und wollte keinen sexuellen Kontakt mehr zu seiner Frau. »Als Frau sich in der Schwangerschaft nicht mehr begehrenswert und attraktiv zu fühlen, war sehr deprimierend. Darauf angesprochen sagte er, dass er mich zwar weiterhin liebe und mich auch anziehend fände, aber vom Kopf her könne er nicht mit mir schlafen.«
Sex während der Schwangerschaft löst normalerweise keine vorzeitigen Wehen aus. Dies bestätigt auch eine Studie aus den USA, die im Fachblatt *Obstetrics & Gynecology* vorgestellt wurde. Erst am Ende einer Schwangerschaft, wenn der Muttermund schon geöffnet ist und die Spermien eindringen können, kann das im Sperma enthaltene Prostagladine Wehen auslösen. Doch das kann ja auch positiv sein. Wenn Ihr Geburtstermin überschritten ist und Sie sich gut fühlen, genießen Sie die Zärtlichkeit und den Sex mit Ihrem Partner. Vielleicht leiten Sie so auf natürliche Weise den Geburtsbeginn ein.

Irrtum 87

Stillen mindert die Lust der Frau!

Die Hormone, die beim Stillen ausgeschüttet werden und das Stillen selbst wie auch die Scheidentrockenheit nach der Geburt haben keinen Einfluss auf die Libido.

Die Müdigkeit der Mutter allerdings ist tatsächlich ein Lustkiller. Wenn Sie nachts mehrmals geweckt werden und aufstehen müssen, ist das auch ganz selbstverständlich. Deshalb organisieren Sie die nächtlichen Essenszeiten für Sie so schlafschonend wie möglich. Egal, ob Sie stillen oder die Flasche geben, schlafen Sie nah bei Ihrem Baby, z. B. mit Hilfe eines Beistellbettes oder Stubenwagens. Falls Sie nicht stillen, richten Sie sich ein Tablett mit allem, was Sie zum Zubereiten einer Flasche brauchen, in der Nähe Ihres Bettes ein. Stellen Sie heißes (in einer Thermoskanne) und kaltes abgekochtes Wasser, Milchpulver im Portionier und Flaschen mit Sauger und Spucktücher fürs Bäuerchen griffbereit an Ihr Bett, damit Sie nachts nicht aufstehen müssen.

Irrtum 88

Babys, die vollgestillt werden, brauchen nichts außer Muttermilch!

Frühgeborene brauchen zusätzlich zur Muttermilch noch Eisen, denn sie hatten nicht genügend Zeit im Mutterleib, sich ein Eisendepot in ihrer Leber anzulegen. Deshalb müssen diese Babys Eisentropfen einnehmen.

Eisentropfen müssen regelmäßig und ausreichend lange eingenommen werden. Bei Eisenmangel kann es zu geistigen und körperlichen Störungen beim Baby kommen. Deshalb sollten Eltern auf keinen Fall eine begonnene Behandlung abbrechen. Auch wenn in vielen Fällen eine Eisenbehandlung bei Säuglingen zu Magenbeschwerden, Blähungen und Verstopfung führen kann.

Die Tropfen sollten auf nüchternen Magen ca. zehn bis fünfzehn Minuten vor den Mahlzeiten eingenommen werden. Die Einnahme mit den Mahlzeiten ist besser verträglich, aber dadurch wird die Aufnahme des Eisens vermindert und dementsprechend verlängert sich die Behandlung. Trotzdem habe ich mit der Einnahme zu den Mahlzeiten sehr gute Erfahrungen gemacht, denn den Kindern bleiben Magenschmerzen und starke Blähungen erspart. Also lieber eine längere Behandlung in Kauf nehmen und dafür ausgeglichene und beschwerdefreie Kinder haben. Sprechen Sie mit Ihrem Kinderarzt über die Form der Einnahme.

Irrtum 89

Wenn Babys tagsüber schlafen, müssen alle leise sein!

Zwar braucht Ihr Baby auch am Tag ausreichend Schlaf, damit es nicht überdreht. Deswegen muss aber nicht geflüstert werden.

Babys finden es gerade in den ersten Wochen sehr angenehm, wenn sie vertraute Stimmen und monotone, sanfte Geräusche beim Einschlafen hören, die zum täglichen Ablauf dazugehören. Dadurch lernen Babys auch schon früh, Tag und Nacht zu unterscheiden. Die Dauer des Tagesschlafs hängt vom Alter und der Reife des Babys ab. Babys haben zwei wichtige Schlafphasen: Zuerst kommt die Traumschlafphase. In dieser Phase werden die erlebten Eindrücke im Langzeitgedächtnis gespeichert. Darauf folgt die Tiefschlafphase, in der das Immunsystem gestärkt wird und der kleine Körper wächst. Ausreichend Schlaf fördert das Lernvermögen, unterstützt die kognitive Entwicklung und die Gesundheit. Der regelmäßige Schlaf schützt Babys auch vor Reizüberflutung.

Irrtum 90

Zum Schlafrhythmus gehört es, Babys schreien zu lassen!

Babys schlafen viel und gut, in der ersten Zeit aber eben auch besonders viel am Tag, weil sie noch kein Gefühl für Tag und Nacht haben. Um zu einem festen Schlafrhythmus vor allem nachts zu kommen, bedarf es viel Zuwendung, Ansprache und Geduld. Das Baby einfach schreien zu lassen, damit es irgendwann vor Erschöpfung einschläft, führt dazu, dass es sich nicht geborgen, angenommen und geliebt fühlt. Das Neugeborene spürt, dass sein Bedürfnis nach Nähe und Zuwendung nicht befriedigt wird. Das löst Ängste aus und stört die Entwicklung des Urvertrauens nachhaltig.

Es ist die Aufgabe von Eltern, sich mit viel Liebe, Zeit, Geduld und Gelassenheit ihrem Baby zu widmen. Sie müssen ihr Baby und seine Bedürfnisse kennenlernen und einfühlsam die Abläufe am Tag und in der Nacht gestalten. Schlafen hat auch mit einem Reifungsprozess zu tun, der bei jedem Baby anders verläuft. Genauso wie Babys Krabbeln und Laufen lernen müssen, müssen sie auch lernen, selbständig ein- und in der Nacht durchzuschlafen.

Mit immer wiederkehrenden Ritualen und einer festen Tagesstruktur helfen Eltern ihren Babys dabei, ein Gefühl für Tag und Nacht zu entwickeln. Auch ganz junge Säuglinge merken einen Unterschied im Verhalten ihrer Eltern, wenn diese den Tag anders gestalten als die Nacht, z B. dass sie nachts nicht mit dem Baby auf dem Arm durch die hell erleuchtete Wohnung wandern oder es bespielen.

Auch eine immer gleiche Schlafumgebung (nicht mal im Auto, mal im Kinderwagen und dann wieder an der Brust) sowie eine Zimmertemperatur von 16–18 Grad erleichtert das Einschlafen. Eine nationale Langzeitstudie in den USA mit 8000 Kindern beginnend im Alter von neun Monaten ergab, dass Kinder, die immer zur gleichen Zeit und nicht nach 21 Uhr einschlafen und mindestens elf Stunden schlafen, Kindern, die unregelmäßig schlafen, in ihrer kognitiven Entwicklung überlegen sind. Sie verfügen über ein besseres Sprachvermögen, eine ausgeprägte Lesefähigkeit und eine höhere mathematische Auffassungsgabe.

Irrtum 91

Bei Vergiftungen mit Spülmitteln oder Haushaltsreinigern sollen Kinder Milch trinken!

Geben Sie Ihrem Kind auf keinen Fall Milch, wenn es Spülmittel oder andere Haushaltsreiniger getrunken hat. Durch die Milch werden fettlösliche Gifte noch schneller vom Körper aufgenommen.

Grundsätzlich gilt: Lassen Sie Ihr Kind schluckweise Wasser oder Tee trinken. Bei Säuren- und Laugenvergiftungen sollte dies so schnell wie möglich erfolgen. Auf keinen Fall darf Ihr Kind erbrechen. Bei Bewusstlosigkeit müssen Sie sofort den Notarzt rufen.

In Ihrer Hausapotheke sollten Sie Entschäumer, z. B. Lefax oder Simplex-Tropfen, haben. Diese verhindern, dass es schäumt und dass dieser Schaum in die Lunge übertritt. Auch medizinische Kohle sollten Sie vorrätig haben, denn sie bindet Giftstoffe und Bakterien und wird wieder vollständig ausgeschieden. Eine Einnahme sollten Sie vorab mit dem Arzt oder Notfalldienst absprechen. Die medizinische Kohle lösen Sie in Saft oder stillem Wasser auf und verabreichen sie schluckweise Ihrem Kind. Es sollte dabei nicht erbrechen, denn bei Erbrechen von Schaum kann es zu Atemstörungen kommen. Haushaltsreiniger enthalten häufig stark ätzende Substanzen, wenn das Verschluckte erbrochen wird, könnte die Speiseröhre verletzt werden. Wenn Sie keine Kohle haben, geben Sie Ihrem Kind Weißbrot, Graubrot oder Zwieback zum Binden der schäumenden Flüssigkeiten. Sie sollten Ihr Kind auf jeden Fall Ihrem Kinderarzt vorstellen.

Sobald ein Baby sich selbständig fortbewegen kann, muss alles, was für es eine Gefahr darstellt, außer Reichweite gestellt werden.

Irrtum 92

Was die Mutter verträgt, verträgt auch das Neugeborene!

Der Darm des jungen Säuglings ist noch untrainiert und extrem unreif bei seiner Geburt. Fast alles, was die stillende Mutter isst, ist milchgängig und an manche Nahrungsmittel muss sich das Baby erst gewöhnen.

Der Darm des Neugeborenen ist im Gegensatz zu Nieren und Blase, die schon im Bauch der Mutter aktiv waren, noch untrainiert und unreif und nimmt seine Arbeit erst nach der Geburt auf. Deshalb verträgt das Baby viele Speisen noch nicht, die milchgängig sind. Das Baby kann diese nur schwer verdauen. Bauchschmerzen und schmerzhafte Koliken können die Folge sein.

Zwar ist wissenschaftlich nicht bewiesen, dass Hülsenfrüchte für Koliken und Verstopfung verantwortlich sind. Ich beobachte jedoch immer wieder, dass Bohnen, Linsen und Erbsen, aber auch Kohl und Zwiebeln sowie scharf gewürztes Essen allgemein zu Verdauungsproblemen führen. Wenn Sie in den ersten Wochen zum Wohle Ihres Kindes diese Lebensmittel auf Ihrem Speiseplan streichen, können Ihnen endlose Schreiattacken und Ihrem Baby viele Schmerzen und Koliken erspart bleiben.

Irrtum 93

Schwangere sollten wegen der vielen Schwermetalle keinen Fisch essen!

Fisch fördert die Entwicklung ungeborener Kinder. Das berichtet die britische Medizinzeitschrift *Journal The Lancet*. Wissenschaftler haben die Angaben von über 11 000 Frauen zu ihrem Fischkonsum in der Schwangerschaft ausgewertet. Danach wurden deren Kinder vom sechsten Monat an bis zu acht Jahren regelmäßig auf ihre geistigen Fähigkeiten untersucht. Die Kinder, deren Mütter mehr als 340 Gramm Fisch pro Woche aßen, zeigten die besten Ergebnisse.

Fisch in Maßen ist Nahrung fürs Gehirn! Denn die im Seefisch, besonders in Lachs, Hering und Makrele, enthaltenen Omega-3-Fettsäuren spielen eine große Rolle bei der Entwicklung des kindlichen Gehirns, des zentralen Nervensystems und der Augenfunktion. Ein- bis zweimal Fisch in der Woche ist nicht nur für das heranwachsende Kind förderlich, sondern auch für die werdende Mutter gut. Regelmäßig Fisch während der Schwangerschaft hilft zudem dem familiär allergiebelasteten Kind, sich schon im Bauch über die Nabelschnur an den Allergieträger zu gewöhnen. Wie dänische Forscher herausgefunden haben, verringert sich auch das Risiko einer Fehlgeburt. Auch Stillende sollten mindestens ein Mal in der Woche Seefisch essen.

Irrtum 94

Schwangere können rohen und geräucherten Schinken essen, wenn sie ihn vorher einfrieren!

Zwar werden durch die Kühlung die Toxoplasmose-Erreger abgetötet, nicht aber die Listeriose-Erreger. Eine Listeriose ist eine durch Bakterien verursachte Infektionskrankheit, die für Schwangere und für das ungeborene Baby lebensgefährlich verlaufen kann.
Schwangere haben ein viel höheres Risiko eine Listeriose durchzumachen, weil ihr Immunsystem geschwächt ist. Die Bakterien können mit der Nahrung aufgenommen werden und Keime, die in den Darm gelangen, können eine Entzündung verursachen. Im schlimmsten Fall können Bakterien ins Blut gelangen. Über die Plazenta erreichen sie den Fötus und können seine Organe schwer schädigen.

Vorsicht ist generell bei rohem Fleisch geboten, auch wenn dieses vor dem Verzehr einige Tage eingefroren war. Essen Sie in der Schwangerschaft besser gekochten Schinken oder Geflügelaufschnitt aus gekochtem Fleisch. Eine wenn auch geringe Gefahr besteht auch bei geräuchertem und luftgetrocknetem Schinken und Fleisch, z. B. Bündnerfleisch, Carpaccio oder Trockenfleisch. Listerioseerreger finden sich auch in Rohmilch- und Rohmilchkäse, wie z. B. Weichkäse und Schimmelkäse.

Irrtum 95

In der Stillzeit sind rohe Lebensmittel generell verboten!

Der Verzehr von rohen Lebensmitteln, Fleisch und auch Fisch-Sushi, sind erlaubt, wenn sie hygienisch einwandfrei sind. Rohmilch- und Rohmilchprodukte, wie z. B. Käse oder auch Mozzarella aus Rohmilch, können allerdings mit E-coli-Bakterien verunreinigt sein und zu schweren Nierenschäden beim Baby führen. Auch können vereinzelt Tuberkuloseerreger enthalten sein. Abgekocht sind Milch und erhitzte Milchprodukte jedoch unbedenklich.

Leider kann eine einwandfreie Hygiene nur selten garantiert werden. Deshalb ist es empfehlenswert auch in der Stillzeit auf rohes Fleisch und rohen Fisch sowie Milchprodukte aus Rohmilch und Speisen mit rohen Eiern zu verzichten, wenn Sie sich nicht ganz sicher sind, ob die Lebensmittel vollkommen in Ordnung sind. Denn eine Lebensmittelinfektion, die häufig Durchfall und Erbrechen verursacht, beeinträchtigt die Mutter zu sehr und nimmt ihr sehr viel Energie. Diese braucht sie aber zum Stillen und zum Versorgen ihres Babys.

Irrtum 96

Stillen macht schlank!

Muttermilch ist das Beste, das Sie Ihrem Kind geben können. Aber nicht jede Mutter nimmt vom Stillen ab. Manche verlieren erst nach der Stillzeit, wenn sich ihr Hormonhaushalt wieder umgestellt hat, ihre Kilos.

Neun Monate dauert eine Schwangerschaft, und neun Monate brauchen die meisten Frauen, bis sie wieder ihr Gewicht vor der Schwangerschaft erreichen.

Auch wenn Ihre beste Freundin gleich nach der Geburt aussieht wie vorher und vielleicht sogar noch schlanker: Jeder Körper ist anders und nicht vergleichbar. Beginnen Sie keine Diät, solange Sie stillen. Sie können auch durch regelmäßige Bewegung, z.B. durch schnelles Gehen, wenn Sie einen Spaziergang mit Ihrem Baby machen, oder wenn Sie die Einkäufe ohne Baby mit dem Fahrrad erledigen, langsam abnehmen. Auch leichte sportliche Aktivität, wie Rückbildungsgymnastik und Yoga, sind gewichtsreduzierend. Sie sollten aber nicht mehr als ein Pfund in der Woche abnehmen und immer darauf achten, dass Ihr Baby auch weiterhin gut gedeiht.

Irrtum 97

Eltern mit kleinen Babys und Kleinkindern müssen nicht pünktlich sein!

Die akademische Viertelstunde ist sicher hin und wieder akzeptabel, aber häufiger sollte Unpünktlichkeit auch mit kleinen Kindern nicht vorkommen. Pünktlichkeit ist eine Form von Respekt und Höflichkeit, denn Zeit ist für jeden kostbar!

Bei der Terminplanung berücksichtigen Sie den Essens- und Schlafrhythmus Ihres Babys, und rechnen Sie genügend Zeitpuffer ein, damit Unvorhersehbares – wie zum Beispiel eine volle Windel oder ein verspätetes Bäuerchen, das auf Ihrer Kleidung gelandet ist – kein Stress für Sie und Ihr Baby bedeutet und solche Ereignisse noch in Ruhe erledigt werden können.

Halten Sie die Wickeltasche immer gepackt und griffbereit und mit allem, was Sie für sich und Ihr Baby bei Ausflügen benötigen, am Wohnungsausgang bereit. Am besten Sie kontrollieren die Wickeltasche nach jedem Einsatz immer gleich und ergänzen die fehlenden Teile, damit Sie nicht kurz bevor Sie das Haus verlassen erst alles wieder zusammensuchen müssen.

Wenn Sie sich mit Freunden verabreden, machen Sie keine Festzeiten, sondern Zeitspannen aus, wie z. B. 15 bis 16 Uhr. Als Ziel setzen Sie sich dann 15 Uhr, somit schaffen Sie sich einen Zeitpuffer und kommen nicht in Zeitnot. Das Baby als Ausrede für Unpünktlichkeit zu benutzen, verrät nur Ihr eigenes schlechtes Zeitmanagement.

Irrtum 98

Nur wenn die werdende Mutter selbst raucht, schadet sie ihrem ungeborenen Kind!

Studien zeigen, dass Passivrauchen fast so gefährlich ist wie aktives Rauchen. Von qualmenden Zigaretten entsteht ein sogenannter Nebenstromrauch, der in die Raumluft übergeht. In diesem Rauch befindet sich eine hohe Menge an Giftstoffen. Diese Giftstoffe nimmt das ungeborene Kind über die Plazenta auf. Schon geringe Mengen dieser Giftstoffe können gerade in der frühen Schwangerschaft den Fötus schädigen. Auch ist das Risiko einer Früh- und einer Fehlgeburt erhöht.

Nikotin ist ein Nervengift und verengt die Blutgefäße, das kann zur Unterversorgung des Kindes führen, weil lebenswichtige Nährstoffe fehlen. Auch ein späteres Übergewicht dieser Kinder kommt häufig vor, denn durch die Mangelversorgung hat der Körper des Kindes schon im Mutterleib gelernt, Nährstoffe maximal zu nutzen, um zu überleben. Die Kinder sind oftmals zu leicht und haben einen ungewöhnlich kleinen Kopf. Es steigt auch das Risiko kindlicher Krebserkrankung, insbesondere Leukämie und Lymphome.
Besuche in verräucherten Räumen sollte die Schwangere daher meiden. Je häufiger das Ungeborene Zigarettenqualm ausgesetzt ist, desto höher wird das Risiko, dass es mit körperlichen Defekten zur Welt kommt.

Irrtum 99

Das Immunsystem wird durch die vielen Impfungen überfordert und löst Allergien aus!

Untersuchungen belegen, dass Impfen eher vor Allergien schützt. In der ehemaligen DDR, in der sehr viel geimpft wurde, traten weitaus weniger Allergien auf als im früheren Westdeutschland, wo viel weniger geimpft wurde.

Mit Beginn des dritten Lebensmonats darf das Baby geimpft werden. Und zwischen dem dritten und vierten Monat tritt in der Regel eine Neurodermitis bei Babys erstmalig in Erscheinung. Daher ist es auch verständlich, dass Mütter die Impfung mit der Neurodermitis in Verbindung bringen. Die Befürchtungen sind unbegründet. Die heutigen Impfstoffe enthalten viel weniger Antigene als früher und sind gut verträglich und helfen dem Immunsystem des Babys.

Jedes Baby kommt nach seiner Geburt in den ersten Lebenstagen mit Milliarden Bakterien in Berührung und produziert ohne Probleme Antikörper gegen die Erreger. Auch die WHO und die Fachgesellschaften für Kinderheilkunde sprechen für das Impfen.

Irrtum 100

Große Kinder laufen später, kleine früh!

Die Größe hat mit dem Laufenlernen nichts zu tun. Knochen, Bänder, Sehnen, Muskeln und Gelenke sowie auch die Koordinationsfähigkeit müssen so weit entwickelt sein, dass sie den Körper aufrechthalten können.

Wichtig ist auch die Förderbereitschaft der Eltern oder das Vorbild von größeren Kindern. Es gibt Studien, die besagen, dass Mädchen eher laufen als Jungen und Migrantenkinder eher als Einheimische. Wann Kinder ihre ersten Schritte machen, ist individuell sehr unterschiedlich. Einige unternehmen ihre ersten Gehversuche schon mit acht Monaten, andere erst mit eineinviertel Jahren – und alle liegen in der Norm.

Schwangerschaftsmythen und Ammenmärchen

Um einen Jungen zu zeugen, sollen sich die Männer beim Beischlaf nach rechts drehen, glaubten die alten Griechen. Die Franzosen haben sich angeblich im 18. Jahrhundert den linken Hoden abgebunden, um einen Jungen zu zeugen. Und hartnäckig hält sich bis heute die Mär, die Bauchform der schwangeren Frau verriete das Geschlecht des Kindes.
Auf kaum einem Gebiet sind so viele Mythen und Ammenmärchen verbreitet wie im Bereich der Schwangerschaft und Neugeborenenpflege.
Hier einige der kuriosesten Beispiele:
- Bewegt sich das Pendel über dem Bauch der Schwangeren hin und her wird es ein Junge. Bewegt sich das Pendel im Kreis wird es ein Mädchen!
- Hat die schwangere Frau häufig kalte Füße, bekommt sie ganz bestimmt einen Buben!
- Leidet die Schwangere unter Sodbrennen, dann hat das Baby viele Haare!
- Wenn die Schwangere einen Brand sieht und fasst sich dabei vor Schreck ins Gesicht, bekommt das Baby im Gesicht ein Feuermal!
- Wenn sich die Schwangere vor hässlichen Menschen oder Tieren erschreckt, bekommt sie ein hässliches Kind!
- Ist die Wiege oder der Stubenwagen schon vor der Geburt im Haus aufgestellt, dürfen sie nicht bewegt werden, sonst wird das Baby später viel schreien!

- Wenn eine Schwangere zu einer Beerdigung geht, bekommt sie eine Totgeburt!
- Wenn die Schwangere barfuß läuft, bekommt sie vorzeitige Wehen!
- Wenn die Mutter in der Schwangerschaft sehr scharfe Speisen isst, bekommt das ungeborene Baby eine Augenentzündung!
- Schwangere dürfen nicht über ihrem Kopf arbeiten und heben, zum Beispiel Schränke und Regale ein- und ausräumen. Denn dabei wickelt sich die Nabelschnur um den Hals des Kindes!
- Man darf nicht über ein Baby steigen oder es durch ein Fenster heben, sonst wächst es nicht mehr!
- Dem Baby dürfen im ersten Jahr nicht die Haare geschnitten werden, sonst wird die Intelligenz weggeschnitten!

Die Baby-Shower-Party

Baby-Shower-Partys (auch Baby-Party oder Schwangerschaftsparty genannt) besitzen in den USA und in England lange Tradition und auch in Deutschland sind sie inzwischen ganz im Trend. Diese Partys finden etwa zwei Monate vor dem errechneten Geburtstermin statt und alles dreht sich um die werdende Mutter. Ursprünglich war die Party in erster Linie für Frauen gedacht, die ihr erstes Kind erwarten. Mit Spielen, die einen Baby-Bezug hatten, und informativen Gesprächen über Schwangerschaft und Babypflege, sollte ihnen geholfen werden, sich auf die Mutterrolle vorzubereiten.
Heute geht es hauptsächlich um Spaß und Ausgelassenheit und auch Frauen, die das zweite oder sogar das dritte Kind bekommen, nehmen den Babyshower als Anlass, sich gemeinsam mit ihren Freundinnen auf ihr neues Kind zu freuen.
In England ist es üblich, dass eine enge Freundin der werdenden Mutter die Party organisiert. Auch sind dort nur Frauen eingeladen. Aber es liegt an der werdenden Mutter und der Gastgeberin, ob auch Männer anwesend sein dürfen.
Für die Spiele werden Babysachen benutzt und all diese Babyartikel bekommt die Mutter in spe für ihre Babyausstattung, wie z.B. Nagelschere, Haarbürste, Bodys, Strampler, Socken, Schnuller, Badethermometer, Nuckelflasche usw.

Die Einladung zur Babyparty sollte vier bis sechs Wochen vor der Party bei den Gästen ankommen. Ob sie eine gekaufte oder selbstgestaltete Karte verschicken, per E-Mail oder telefonisch einladen – wichtig sind die genauen Daten und ob die werdende Mutter involviert ist oder nicht. Damit es dann auch wirklich eine Überraschungsparty ist.

Um die Gäste gleich bei der Ankunft in Stimmung zu bringen, ist eine Dekoration in Hellblau und/oder Rosa mit Girlanden, Ballons, Tischstreu und Geschirr und Servietten in Babydesign angesagt. Kleine Kuchen und Cupcakes sowie allerlei Süßes, ebenfalls in Hellblau oder Rosa, bieten sich an. Was auf keiner Babyparty fehlen darf, sind die Söckchen-Muffins und die Windeltorte, die Sie auch selbst nach Ihrem Geschmack anfertigen können (nicht essbar!).

Rezept für Cupcake
Für den Teig:
240 g Mehl
280 g Zucker
3 TL Backpulver
1 Prise Salz
80 g Butter
240 ml Milch
2 Eier
½ TL Vanillepuder
oder 1 Stange Vanillemark
je nach Geschmack können Sie auch eine unbehandelte Zitronenschale in den Teig reiben
zwölf Papierförmchen
Alle Zutaten mischen und zum Schluss die Milch langsam unterrühren. Teig in die Förmchen geben und 25 Minuten

bei 180 Grad backen. Cupcakes lassen sich vielfältig verzieren, z. B. mit

Deko-Creme
250 g Puderzucker
80 g weiche Butter aufschlagen
dann 25 ml Milch, Vanille und Speisefarbe mischen und unter die Butter ziehen. Speisefarbe für die Deko-Creme ganz nach Belieben in der von Ihnen gewählten Farbe. Sie können auch zum Dekorieren kleine Zuckerherzen oder Schokostreusel sowie auch Liebesperlen oder Fondantdeckel mit Herzen oder Blumen benutzen.

Baiser mit Speisefarbe
6 Eiweiße steifschlagen
250 g Puderzucker durch ein Sieb geben und vorsichtig unterheben, dann je nach Belieben die Speisefarbe dazugeben.
Die Masse in Spritzbeutel geben und auf Backpapier spritzen.
Bei 100 Grad 80 Minuten backen.
Statt Speisefarbe können Sie, nachdem Sie den Teig auf das Backpapier gespritzt haben, auch mit bunten Streuseln oder Herzen bestreuen.

Buchstaben für die Tischdekoration:
Aus Mürbeteig können Sie auch Buchstaben ausstechen und mit rosa oder hellblauem Zuckerguss bestreichen und auf dem Tisch als Dekoration benutzen, z. B. It's a Boy oder It's a Girl.

Zur Begrüßung, können Sie jedem Gast als Willkommensgetränk eine Nuckelflasche mit Sauger überreichen. Dann können die Gäste und die werdende Mutter am eigenen Leib erfahren, wie anstrengend es eigentlich ist, aus einer Flasche zu trinken. Sie können aber auch ein Spiel daraus machen.

Spiele

Flaschenspiel:
Alle bekommen eine Nuckelflasche – mit Teesauger wird es noch spannender – und wer als Erster seine Flasche geleert oder das meiste in fünf Minuten getrunken hat, ist Sieger.

Namen der Tierbabys:
Jeder Gast erhält eine Liste mit Namen der Tiermütter und muss in einer festgelegten Zeit alle Tierbabys nennen. Wer die meisten richtig hat, hat gewonnen.

Adler	*Nestling*
Schwein	*Ferkel*
Wildschwein	*Frischling*
Huhn	*Küken*
Schaf	*Lamm*
Dachs	*Geheck*
Hund	*Welpe*
Frosch	*Kaulquappe*
Reh	*Kitz*
Hirsch	*Kalb*
Ziege	*Geißle*

Schmetterling	*Raupe*
Kuh	*Kalb*
Pferd	*Fohlen*

Sag niemals Baby

Suchen Sie sich ein Wort mit Baby-Bezug aus, z. B. KIND oder SÜSS oder BABY. Dieses Wort soll während der Party nicht ausgesprochen werden. Jeder Gast bekommt bei seiner Ankunft z. B. Schnuller, Lollis oder Herzen aus Traubenzucker an einem Band umgehängt. Jedes Mal, wenn jemand das ausgewählte Wort sagt, muss er seinen Schnuller, seinen Lolli oder sein Herz an den abgeben, der es bemerkt hat. Wer die meisten Anhänger hat, ist Sieger und erhält ein kleines Geschenk.

Das Baby-ABC

Jeder Gast bekommt Papier und einen Schreiber und muss innerhalb von fünf Minuten von A–Z einen Gegenstand mit Babybezug pro Buchstabe aufschreiben z. B. Autositz, Babybadewanne, Schlafsack usw. Wer die meisten Gegenstände aufgeschrieben hat, ist Sieger.

Volle Windel

ist ein Klassiker auf Babypartys. Nehmen Sie fünf oder sechs Windeln und legen Sie viel Wert auf realitätsnahes Aussehen. Mit einem Küchenpinsel streichen Sie in die Windel z. B. Senf, Nutella, Erdnussbutter oder Sojasoße. Die Windeln werden eine nach der anderen den Gästen herumgereicht: Jeder Gast schreibt einen Tipp über den Inhalt auf ein Blatt Papier. Derjenige, der die meisten richtigen Antworten hat, gewinnt.

Mamas Bauch
Nehmen Sie eine Rolle Toilettenpapier oder Schleifenband und Schere und bitten Sie jeden Gast, den Umfang der Mama in spe zu schätzen. Jeder reißt oder schneidet sich so viel ab, wie er glaubt, dass er benötigt, um möglichst genau einmal um den Bauch herumzukommen. Wer am besten geschätzt hat, gewinnt.

Super-Mami
Spannen Sie eine Leine durchs Zimmer und stellen Sie einen Korb mit Babywäsche und einen kleinen mit Wäscheklammer daneben. Die werdende Mutter bekommt eine Babypuppe in den Arm und ein Handy zwischen Schulter und Ohr und muss damit die Wäsche aufhängen. Aber auch alle anderen Gäste dürfen ihr Talent fürs Multitasking testen.

Das Babyquiz

Am Schluss ein Quiz, das Ihr Babywissen testet. Sie können es auch gut auf Ihrer Babyparty einsetzen. Anregungen dazu finden Sie im ersten Teil des Buches, bei den 100 Babyirrtümern. Fragen könnten Sie beispielsweise:

1. Haben alle Babys bei ihrer Geburt blaue Augen?
    a. Ja.
    b. Nein, das ist eine optische Täuschung.
    c. Asiatische und afroamerikanische Babys haben braune Augen.

2. Wie viele Babys werden zum errechneten Termin geboren?
    a. Über 50.
    b. 23 Prozent.
    c. 3–5 Prozent.

3. Ab wann darf das Baby frühestens Beikost essen?
    a. Bei reifgeborenen Babys schon nach zwei Wochen.
    b. Nach dem vierten Monat, mit Beginn des fünften Monats.
    c. Wenn es vollgestillt wird erst nach sieben Monaten.

4. Ab wann müssen Zähne geputzt werden?
    a. Vom ersten Zahn an.
    b. Wenn alle Milchzähne vorhanden sind.
    c. Erst nach dem Abstillen.

5. Wann darf die Mutter nach der Geburt wieder Sport treiben?
   a. Zwei Wochen nach der Geburt.
   b. Nach der Abschlussuntersuchung beim Arzt.
   c. Von Anfang an, wenn sie sich fit dazu fühlt und sich nicht überanstrengt.

6. Brauchen Babys eine Sonnenbrille?
   a. Ja, unbedingt muss das Baby mit Sonnenschutzmittel, Kleidung und Sonnenbrille geschützt werden.
   b. Nein, das ist nur modischer Schnickschnack.
   c. Nein, ein Sonnenhut reicht vollkommen.

7. Woran erkennt man, dass es ein Junge oder ein Mädchen wird?
   a. Ein spitzer Bauch weist auf ein Mädchen hin, ein runder Bauch auf einen Jungen.
   b. Starke Übelkeit und Erbrechen in den ersten Schwangerschaftsmonaten, und es wird ein Mädchen.
   c. Durch eine Fruchtwasseruntersuchung, eventuell auch mit Ultraschall.

8. Darf ein Neugeborenes auch im Winter nach draußen?
   a. Nein, die Erkältungsgefahr ist bei so kleinen Babys zu hoch.
   b. Ein Neugeborenes darf schon mit einer Woche warm eingepackt und gut eingecremt länger an die frische Luft, außer es herrschen Minusgrade.
   c. Ja, aber nur zehn Minuten.

9. Wann erhält das ungeborene Baby von der Mutter die Antikörper?
   a. Von der ersten Woche an, gleich nach der Befruchtung.
   b. Im dritten Monat, weil dann die Schwangerschaft gefestigt ist.
   c. Erst ab der 32. Schwangerschaftswoche werden die Antikörper aktiv auf das Kind übertragen.

10. Was bedeutet eine Zwiemilchernährung?
    a. Zwei verschiedene Formel-Milchsorten, z. B. HA und Folgemilch.
    b. Muttermilch und Formel-Milch, z. B. eine Pre-Milch.
    c. Eine HA-Formel-Milch und ein Milchbrei.

Lösung: 1 c, 2 c, 3 b, 4 a, 5 b, 6 a, 7 c, 8 b, 9 c, 10 b

Irrtümer zu

Schwangerschaft
Schwangere müssen für zwei essen! 16
Jedes Kind kostet die Frau einen Zahn! 24
Dicke Frauen sind besonders fruchtbar! 36
Schwangere, die in den Wehen liegen, dürfen nichts essen und trinken! 50
Bei einer Schwangerschaftsvergiftung produziert der Körper Gift! 62
Wie die Schwangerschaft, so das Kind! 124
Schwangerschaftsdiabetes verschwindet mit der Geburt wieder! 152
Sex in der Schwangerschaft führt zu einer Fehlgeburt! 182
Schwangere sollten wegen der vielen Schwermetalle keinen Fisch essen! 196
Schwangere können rohen und geräucherten Schinken essen, wenn sie ihn vorher einfrieren! 198

Geburt
Bei Vollmond werden mehr Kinder geboren! 12
Eine Wochenbettdepression bekommt nur die junge Mutter! 14
Der Kaiserschnitt gewährleistet eine schmerzfreie Geburt! 32
Ein Kaiserschnitt ist für das Baby ein leichterer Start ins Leben! 34

Jede Frau liebt ihr Baby von Geburt an! 42
Frauen, die per Kaiserschnitt entbinden, haben keine
    Nachwehen! 60
Cremen schützt vor Schwangerschaftsstreifen! 106
Die wichtigste Vorbereitung auf das Baby ist die
    Geburtsvorbereitung! 108
Frauen, die mit einem Kaiserschnitt entbinden, können
    nicht stillen! 110
Sex nach der Geburt ist erst wieder möglich, wenn der
    Wochenfluss versiegt ist! 116
Frauen, die ihr Kind per Kaiserschnitt bekommen, haben
    keinen Wochenfluss! 122
Babys müssen gleich nach der Geburt schreien! 142
Kaiserschnitt ist gleich Kaiserschnitt! 144

Stillen
Stillen schützt vor einer erneuten Schwangerschaft! 18
Stillen macht den Busen hässlich! 22
Frauen mit einem kleinen Busen können nicht
    stillen! 26
Sport während der Stillzeit verdirbt die Milch! 30
Bei einer Brustentzündung muss man abstillen! 38
Gestillte Babys gedeihen immer! 40
Älteren Babys, die gestillt werden, braucht man keine
    Zähne zu putzen! 44
Die Pille belastet die Milchbildung! 46
Flaschenbabys können nicht auf Langstreckenflügen
    mitgenommen werden! 52
Der Schnuller gefährdet den Stillerfolg! 54
Eine Mutter, die stillt, muss immer anwesend sein! 64
Jede Mutter kann stillen, wenn sie nur will! 66

Während der Stillzeit muss eine Mutter zusätzlich
Vitaminpräparate einnehmen!   76

Babys bekommen eine Saugverwirrung, wenn sie einen
Schnuller benutzen oder an der Brust mit einem
Saughütchen trinken!   82

Wenn ein Baby Muttermilch nur abgepumpt aus
der Flasche bekommt, ist es kein vollgestilltes
Baby!   94

Die erste Milch nach der Geburt, ob Frühgeburt, zum
errechneten Geburtstermin oder bei einer verspäteten
Geburt, ist immer gleich!   96

Flaschenkinder schlafen besser durch!   100

Wenn das Baby aus der Flasche trinken darf, wird es
danach die Brust ablehnen!   102

Durch das Stillen bekommt das Baby die Bakterien von
der Mutter übertragen. Deshalb darf ich auch den
Schnuller ablecken!   104

Je später die Babys Beikost bekommen, desto geringer ist
das Allergierisiko!   128

Nicht gestillte Babys, also Flaschenkinder, bekommen
weniger Nähe, Geborgenheit und Liebe!   132

Es ist vollkommen egal, ob zum Füttern eine Glas- oder
eine Plastikflasche verwendet wird!   136

Gestillte Babys werden nicht wund!   148

Stillende Mütter sind sanftmütiger!   150

Prosecco und Sekt erhöht die Milchbildung!   156

Säuglingsmilch / Formelmilch ist heute genauso gut wie
Muttermilch!   158

Gestillte Babys müssen mindestens einmal täglich Stuhl
haben!   164

Stillen mindert die Lust der Frau!   184

Babys, die vollgestillt werden, brauchen nichts außer Muttermilch! 186

In der Stillzeit sind rohe Lebensmittel verboten! 200

Stillen macht schlank! 202

Leben mit dem Neugeborenen
Einen Schlaganfall können nur Erwachsene bekommen! 20

Rheuma bekommen nur alte Menschen! 28

Eine organisierte Frühförderung ist sehr wichtig für die Entwicklung der Babys! 48

Im Laufställchen fühlt sich das Baby abgeschoben! 56

Sitzgestelle und Gehfreigestelle helfen dem Baby, früher Laufen zu lernen! 58

In den ersten Wochen schläft und isst ein Baby nur! 68

Erziehung beginnt erst im Kleinkindalter! 70

Babys, die einen Schnuller bekommen, bleiben später in ihrer Sprachentwicklung zurück! 72

Babys Ernährung muss abwechslungsreich sein! 74

Sonnenbrillen für Babys sind modischer Schnick-Schnack! 78

Babys brauchen keinen Sonnenschutz, wenn sie sich im Schatten aufhalten! 80

Babys dürfen nur auf dem Rücken liegen, um den plötzlichen Kindstod zu verhindern! 84

Weiße Flecken auf den Zähnen deuten immer auf Karies hin! 86

Wenn weiche Zähne in der Familie verbreitet sind, bekommt das Kind zwangsläufig Karies! 88

Babys müssen lernen, die Flasche auszutrinken und ihren Teller leerzuessen! 90

Ungeborene und zu früh geborene Säuglinge sind
schmerzunempfindlich! 92
Bei Fieber ist es egal, ob man dem Baby Paracetamol in
Form von Zäpfchen oder als Saft gibt! 98
Kalte Hände des Neugeborenen bedeuten, dass das Kind
friert! 112
Zuckerhaltige Getränke machen Babys hyperaktiv! 114
Babys haben Schluckauf, weil sie frieren! 118
Babys, die am Tag wenig schlafen, schlafen nachts umso
besser! 120
Nur wenn ich in Gegenwart meines Babys rauche,
gefährde ich das Kind! 126
Babys müssen immer bespielt werden! 130
Der erste Schuh des Babys soll nur so groß sein wie sein
Fuß, damit das Kind auch Halt hat! 134
Die Intelligenz eines werdenden Menschen hängt nur von
seinen Genen und seiner Förderung ab! 138
Kleine Kinder, kleine Sorgen. Große Kinder, große
Sorgen! 140
Babys brauchen Schuhe, um laufen zu lernen! 146
Ein fester Rhythmus bedeutet Liebesentzug! 154
Keuchhusten ist eine Kinderkrankheit! 160
Babys dürfen im Winter bei Kälte nicht nach
draußen! 162
Hepatitis B wird nur über Geschlechtsverkehr
übertragen! 166
Babys, die statt Kuhmilch Ziegen-, Stuten- oder Sojamilch
bekommen, sind vor Allergien besser geschützt! 168
Allergievorbeugung brauchen nur allergiegefährdete
Babys, in deren Familie Allergien bekannt sind! 170
Frühgeborene Babys sind ein Leben lang anfällig! 172

Wenn sich das Baby zu lange draußen im Kalten aufhält, holt es sich eine Erkältung!   174

Ein starkes Selbstbewusstsein wird durch viel Lob bewirkt!   176

Alle Babys haben blaue Augen bei ihrer Geburt!   178

Neugeborene und kleine Babys können noch nicht weinen!   180

Wenn Babys tagsüber schlafen, müssen alle leise sein!   188

Zum Schlafrhythmus gehört es, Babys schreien zu lassen!   190

Bei Vergiftungen mit Spülmitteln oder Haushaltsreinigern sollen Kinder Milch trinken!   192

Was die Mutter verträgt, verträgt auch das Neugeborene!   194

Eltern mit kleinen Babys und Kleinkindern müssen nicht pünktlich sein!   204

Nur wenn die werdende Mutter selbst raucht, schadet sie ihrem ungeborenen Kind!   206

Das Immunsystem wird durch die vielen Impfungen überfordert und löst Allergien aus!   208

Große Kinder laufen später, kleine früh!   210

Erika Wüchner
Die ersten 100 Tage mit dem Baby
Das praktische Wissen aus über 25 Jahren Erfahrung –
Tag und Nacht
Band 18868

Erika Wüchner ist da, wenn Mutter und Kind das Krankenhaus verlassen und der Alltag mit dem Baby beginnt. Ihr praktisches Wissen aus über 25 Jahren Erfahrung, das bislang nur wenigen Familien vorbehalten war, eröffnet sie einer breiten Leserschaft: Von der Klinikauswahl übers Stillen und Durchschlafen bis zum Wiedereinstieg in den Beruf – die examinierte Kinderkrankenschwester verrät, worauf es in den ersten so wichtigen Monaten nach der Geburt ankommt. So werden aus Neugeborenen glückliche Kinder und aus Paaren entspannte Eltern.

»Ich wünsche Erika Wüchner viele Leser.
Und allen jungen Eltern eine Erika Wüchner im Haus.«
Sandra Maischberger

»Die Babyflüsterin«
Zeit Magazin

Fischer Taschenbuch Verlag

Dr. Fritz Jansen, Uta Streit
Erfolgreich erziehen
432 Seiten. Gebunden

Das grundlegende Erziehungsbuch für
Kindergarten und Schule

Mit klaren und umsetzbaren Hilfen geben Fritz Jansen und Uta Streit den Eltern die Sicherheit im Umgang mit ihren Kindern zurück. Sie zeigen anschaulich an vielen Beispielen, wie Eltern über ihr Verhalten auf ihre Kinder unbewusst und bewusst einwirken können. Schwierige Situationen, wie sie bei den Hausaufgaben, beim Aufräumen oder im Umgang mit den Medien entstehen, werden genau analysiert und Lösungen aufgezeigt. Den Eltern wird damit ein sicheres Wissen vermittelt, mit Widerständen, Machtkämpfen und Fehlverhalten ihrer Kinder erfolgreich umzugehen. Ziel sind starke Kinder mit hohem Selbstwertgefühl und großer Selbständigkeit.

Krüger Verlag

Brigitte Blöchlinger
Lob des Einzelkindes
Das Ende aller Vorurteile
240 Seiten. Broschur

Einzelkinder sind besser als ihr Ruf. Vorurteile und Vorbehalte, mit denen man ihnen gemeinhin gerne begegnet, halten einer eingehenden Untersuchung nicht stand. Wie Einzelkinder sich selbst sehen, was man ihnen nachsagt und wie sie – laut Forschungsergebnissen – wirklich sind, ist in diesem Buch auf unterhaltsame und fundierte Weise nachzulesen.

Krüger Verlag

Georg Cadeggianini
Aus Liebe zum Wahnsinn
Mit sechs Kindern in die Welt
Band 18867

Je komplizierter, desto besser. Eine junge Großfamilie lebt zwischen Wahn und Sinn, Alltag und Umzugskartons, Deutschland und Italien, Schottland und Israel – und findet das Glück im Chaos.

»Um im Gänsemarsch über
die Kreuzung zu kommen, brauchen wir
zwei Ampel-Grün-Phasen. Unsere Obstschale ist größer
als eine Satellitenschüssel. In unserem Flur steht
ein Laubsack: für Dreckwäsche, 270 Liter.«

Fischer Taschenbuch Verlag